Une autre âme dans ma fille

*Histoire vécue d'une mère
confrontée à la possession
de son enfant*

Données de catalogage avant publication (Canada)

Lapratte, Anick, 1974-

Une autre âme dans ma fille: histoire vécue d'une mère confrontée à la possession de son enfant

Comprend des réf. bibliogr.

ISBN 2-89436-148-3

1. Possession par les esprits. 2. Exorcisme. 3. Personnalité multiple. 4. Lapratte, Anick, 1974- . 5. Lapratte, Marie-Claude, 1966- . I. Titre.

BL482.L36 2005   133.4'26   C2005-941819-2

Nous reconnaissons l'aide financière du Gouvernement du Canada par l'entremise du programme d'aide au développement de l'industrie de l'édition (PADIÉ) pour nos activités d'édition.

Nous remercions la Société de Développement des Entreprises Culturelles du Québec (SODEC) pour son appui à notre programme de publication.

Révision linguistique:

Jocelyne Vézina et Sonia Aubin

Infographie:

Caron & Gosselin

Photographie en couverture 1 et 4:

Phhotographie Provencher
www.melpropix.com
613-795-8832

Mise en pages:

Composition Monika, Québec

Éditeur:

Éditions Le Dauphin Blanc
C.P. 55, Loretteville, Qc, G2B 3W6
Tél.: (418) 845-4045 – Fax (418) 845-1933
Courriel: *dauphin@mediom.qc.ca*

ISBN 2-89436-148-3

Dépôt légal:

4ᵉ trimestre 2005
Bibliothèque nationale du Québec
Bibliothèque nationale du Canada

Imprimé au Canada

Anick Lapratte

Une autre âme
dans ma fille

*Histoire vécue d'une mère
confrontée à la possession
de son enfant*

Le Dauphin Blanc

Table des matières

« *Tendre les mains vers la lumière
est gage d'un avenir ensoleillé.* »

Pascale Proulx

Pour ma fille, mon ange
Qui ne demandait qu'à déployer
ses ailes...

À ma famille que j'aime
profondément.

Remerciements

« Merci » est un mot merveilleux qui me permet d'exprimer toute la reconnaissance, l'amour et la joie que j'ai à côtoyer des gens qui me sont chers et qui font une différence dans ma vie. C'est donc pour moi un immense privilège d'écrire ces quelques lignes afin de souligner l'apport de gens extraordinaires empreints d'une grande beauté intérieure.

Ma fille, Marie-Claude, est une telle source d'inspiration pour moi que je tiens tout d'abord à la remercier pour cette belle leçon de courage et de persévérance. Merci mille fois à toi, mon ange, de nous avoir choisis pour ta famille. Merci pour ta confiance et surtout... merci de m'avoir ouvert les portes de ton cœur. Je t'aime, ma belle puce.

Un merci tout spécial à Marielle Dallaire, femme et ostéopathe hors pair. Ta présence, ton écoute, tes mains magiques et tes précieux conseils ont été une bénédiction dans ma vie. Tu es formidable et les mots me manquent pour exprimer toute ma reconnaissance...

Merci également à Michaël d'être ce que tu es... Grâce à toi, j'ai une fille extraordinaire, enracinée et épanouie. Je t'en serai éternellement reconnaissante.

Du plus profond de mon cœur, je tiens à remercier Marie-Josée Lapratte, ma sœur et ma confidente. Grâce à son incontestable talent et à sa façon unique de jouer avec les mots, ce livre est bien plus qu'une histoire, il est l'écho d'un cœur. Merci pour ces précieuses heures consacrées à ce livre et tes nombreux encouragements... Je t'aime.

Une pensée toute particulière à celles qui m'ont guidée et soutenue à travers tout le processus d'écriture : ma sœur, Isabelle Bouchard, Marie Ouellet, Francine Bouchard et Sylvie Bernier. Vous êtes une équipe géniale et votre soutien me va droit au cœur.

Toute ma gratitude à Alain Williamson et à son équipe de la maison d'édition Le Dauphin Blanc. Merci infiniment de me laisser la chance de m'exprimer par les voies de l'écriture.

Merci également à Mélanie Provencher de Photographie Provencher pour les magnifiques photos.

Un merci tout plein d'amour à mes parents pour m'avoir donné la vie et ces belles valeurs qui dictent mon chemin. Merci maman pour la lumière dans tes yeux et ton amour de la vie. Merci papa pour ton amour et ta confiance en moi. À Lise pour ton sens de la discipline et encore plus. À Céline pour ton sourire bien « groundé » et à ma sœur pour nos inimaginables fous rires. Merci d'être là, merci de donner un sens au mot « famille. »

Merci à Mamie Pauline pour ton écoute et ton soutien.

Merci à Marguerite Diane pour la graine de spiritualité semée à l'adolescence.

Merci à mes amies qui tiennent une place particulière dans mon cœur, je vous remercie de faire de l'amitié un Univers de plaisir, de lumière et de plénitude. Merci à Chantal Beauchamp, Roxane Maisonneuve, Isabelle Barbe, Maude Bouchard,

Guylaine Longpré, Judith Sinden, Johanne Lussier, Nadine Picard, Marianne Lacroix et Maude Bouchard.

Je vous aime.

Merci à Méhiel et à ma famille d'âmes pour l'inspiration et toutes les synchronicités mises sur ma route.

Un tendre merci à mes trois enfants, la prunelle de mes yeux : Cédrik, Marie-Claude et Ariane. C'est un honneur de vivre ma vie avec vous. Merci pour les apprentissages, vos rires et vos câlins. Je suis une mère comblée et je vous aime gros gros comme l'Univers...

Finalement, je tiens à remercier celui qui, par sa présence, illumine chacune de mes journées. Éric, mon amour, je te remercie pour ta patience d'Ange et le support apporté. Merci de rendre la vie plus belle et plus calme, de me suivre dans mes tourbillons et de sourire quand je pars à la dérive. Comme le bateau que je porte à mon cou, tu es toujours à mes côtés, prêt à repartir. Toi et nos trois moussaillons, vous êtes ma vie, mon plus beau voyage.

Je xxx

Avant-propos

Ça y est ! Déjà vous lisez des mots nés de ma plume... Une relation débute entre nous. Je me sens privilégiée, car vous me permettez d'entrer dans votre univers et vous venez à la rencontre du mien. Ça me touche et ça me trouble parce que jamais je n'avais pensé et encore moins rêvé devenir auteure.

Le sujet que j'aborde n'est pas facile ; il fait frissonner, il sème la controverse et on veut souvent nier ou ignorer son existence...

Mais c'est si fort en moi ce désir de témoigner qu'*il existe bien plus que ce que nous voyons*, que me voici, transcendant ma peur d'être jugée, vous racontant humblement et simplement ce bout de vie qui a transformé les miens et qui m'a

15

amenée à utiliser des ressources dont je ne soupçonnais même pas l'existence.

« Je crois que ma fille est possédée. »

Quelle phrase difficile à prononcer ! Je vous garantis que ça déchire les entrailles.

Le mot « possession » fait peur. Sujet tabou, il évoque des images terrifiantes de films d'horreur ou d'histoires d'épouvante. On admet généralement que ça existe ou que ça a existé, mais pas ici, pas maintenant, pas en Amérique du Nord et surtout, pas au Québec ! J'étais terrorisée à l'idée de laisser ce mot sortir de ma bouche et encore plus, je dois l'avouer, à l'idée d'être accusée de fabulation. C'était l'angoisse, ni plus ni moins.

Mais j'ai écouté mon instinct, je me suis laissé guider par tout l'amour que j'éprouve pour ma fille et j'ai fait de grandes découvertes. Pas toujours facile de s'y retrouver, ç'est vrai. Oui, il y a plusieurs théories et plusieurs solutions. La médecine traditionnelle ou holistique ? Entités malveillantes ou troubles psychiatriques ?

Les questions se bousculent et s'imposent. Une diversité de personnes, de tous les milieux, sont aux prises avec des détresses que la médecine traditionnelle est impuissante à résoudre. Si on se questionne autant, ç'est qu'il y a là un véritable besoin.

Je ne suis absolument pas contre la psychiatrie ou la médication. Mais si certaines personnes avaient davantage besoin de l'appui d'un intervenant sur le plan énergétique afin de retrouver leur plein épanouissement ?

Ce livre n'est pas une réponse en soi, mais un éclairage, une lumière, le témoignage d'une femme convaincue *qu'il existe plus que ce que nous voyons.*

Je remercie la vie qui, malgré mes peurs et mes réticences dans mon face à face avec l'invisible, m'a laissé le temps d'explorer et de m'ouvrir aux *forces* de la lumière. Au fil des jours, je n'ai plus parlé de possession mais de la détresse des âmes errantes. Et finalement, je n'ai plus parlé d'un exorcisme, mais d'une incarnation d'âme qui avait besoin d'un petit coup de pouce pour irradier sa lumière...

Du plus profond de mon âme, je vous souhaite une agréable lecture.

Affectueusement,

Anick Lapratte

Introduction

C'est au cœur du pardon que renaît la Création dans sa pureté première.

Philippe Le Touzé

On meurt souvent. Trop souvent. Mais la vie se charge avec une grande perfection de nous plonger au cœur d'évènements où tout concorde, où tout est en place pour nous aider à renaître. Il suffit de le voir et de tendre la main. C'est exactement ce qui s'est produit lorsque ma mère, toute emballée, m'a dit : « Ferme les yeux, j'ai une surprise pour toi ». Elle était loin de se douter que c'était beaucoup plus qu'un simple présent qu'elle me remettait.

J'ai reçu le livre *Méditations guidées pour les enfants*, de Farida Benet, en plein cœur, comme un messager me signifiant que j'avais fait la paix avec le passé. Un passé pas si lointain où des entités malveillantes avaient fait de nous leurs pantins. Je ne pourrai jamais oublier, mais aujourd'hui, ce livre marque d'une pierre blanche cette nouvelle phase de vie où je laisse la paix s'installer en moi. Il évoque le soleil après la pluie, le calme après la tempête... Du coup, la spiritualité n'est plus un sujet tabou ni un simple antidote contre la peur et la noirceur. Elle peut devenir mon alliée au sein de mon bonheur tranquille, dans la vie de tous les jours, auprès de l'homme de ma vie et de nos trois petits amours.

La spiritualité n'a pas toujours été intégrée à ma vie. Pourtant elle était là, et comme dans le conte *Hansel et Gretel*, elle laissait ses traces pour qu'un jour je puisse trouver le chemin.

J'ai emprunté plusieurs sentiers et fait quelques sorties de route, mais le chemin était toujours là, droit devant... Il m'attendait.

Six ans plus tôt

Pendant le trajet vers l'hôpital, entre deux contractions, j'observais Éric et je le trouvais beau. Je repensais encore à nos ébats amoureux du matin et la tendresse avec laquelle il m'avait bordée avant de partir pour le bureau en me disant d'un air taquin « *Repose-toi bien, ma semence va faire effet et on aura notre fille aujourd'hui.* » Eh bien ! il avait raison ! Le mâle avait parlé. Deux heures plus tard, je perdais mes eaux et nous allions être parents pour la deuxième fois. Rien ne me rendait plus fière qu'être la mère de ses enfants. Il est un mari attentif, doux et généreux. Notre complicité est sans égal et l'admiration mutuelle ne fait que multiplier la passion qui nous anime. Il est mon homme, je suis sa femme. Il est également un père exemplaire et dévoué, un amant parfait... Bref, une amie à moi s'amuse souvent à dire qu'il gagnerait certainement le concours du meilleur mari du Québec. Je ne sais pas s'il remporterait la palme, mais il est sans contredit un des plus beaux cadeaux que la vie m'a envoyé.

Nous venions d'acheter notre première maison dans un beau petit quartier où les enfants sont à l'honneur ; nous en étions très heureux. Éric est programmeur analyste pour une compagnie en télécommunication, et moi je viens tout juste de terminer mon baccalauréat en enseignement préscolaire et

21

primaire. Le portrait est parfait: bons emplois, famille heureuse et comblée d'amour. Quoi de plus! À cette époque, ma vision du bonheur tenait à cette image que je m'étais créée au fil des ans. Un couple amoureux et passionné, une famille unie envers et contre tout, maison, piscine et B.B.Q. J'avais enfin atteint cet idéal, mais la venue de Marie-Claude allait bouleverser mes croyances et chambarder ma vie. N'allez pas croire que je ne sois que superficielle et matérialiste. En moi se trouvent aussi un fond inépuisable d'amour pour l'être humain et une ouverture d'esprit aux changements, aux pensées et modes de vie différents. Mais jamais je n'aurais imaginé ou même soupçonné l'existence du monde dans lequel j'allais basculer: celui des âmes errantes et du pouvoir de la lumière. Le jour de la naissance de Marie-Claude marqua le début d'un long parcours pour elle et moi. Un parcours chaotique parsemé de peurs et de combats, dérangeant et bouleversant, mais où la détermination et le courage, l'amour et la lumière s'allièrent pour faire de l'*histoire de Marie-Claude* la plus belle des victoires.

L'arrivée de Marie-Claude,
mai 1996

– Pousse, Anick, pousse... je t'en supplie.

La tête est prise dans le col et le bébé s'étrangle. Son visage vire au bleu et son rythme cardiaque baisse à une vitesse vertigineuse. Je ne peux voir ce qui se passe, mais j'entends la détresse dans la voix d'Éric; je vois également les larmes sur les joues de mon père assistant à l'accouchement et l'inquiétude dans les yeux de ma mère venue accueillir son deuxième petit-enfant.

Inquiète, je pousse, mais ça ne fonctionne pas, il n'y a plus de contractions.

Sans perdre une seconde, le médecin plonge ses mains au creux de mes entrailles, déchirant le tout au passage, pour libérer ce petit être qui ne demande qu'à respirer. Le 7 mai 1996, à 21 heures 27 minutes, le nez obstrué, la bouche pleine de sécrétions, le cordon autour du cou et le visage encore bleuté, Marie-Claude arrive parmi nous.

Je la prends et la colle tout près de mon cœur, tellement soulagée qu'elle soit encore en vie. Elle pleure si fort et toute tremblante, je pleure aussi. Tout le monde est ému et chacun son tour, on la berce et on lui murmure des mots gentils. On reste ainsi à la contempler pendant plus de deux heures réalisant la chance qu'on a qu'elle soit avec nous. Éric voulait tellement une petite fille et elle est là, toute parfaite. Un beau bébé dodu au visage bien rond, de grands yeux bleus tout comme ceux de son frère, et des cheveux tellement blonds qu'on ne les voit presque pas. Comme elle sent bon ! Elle est bien emmaillotée dans sa couverture et malgré ses pleurs incessants, il n'y a pas de plus grand bonheur. Éric est tellement fier de sa fille que de le voir ainsi me comble également. Une fois le médecin et les infirmières partis, nous fermons les lumières et l'atmosphère devient plus posée et intime. Toute notre attention est dirigée vers Marie-Claude, comme pour la rassurer et la calmer.

Vers minuit, on me transféra dans ma chambre. L'infirmière prit notre petit trésor et l'emmèna à la pouponnière. Je la verrais plus tard. Ma famille quitta l'hôpital et me laissa me reposer. De la glace entre les jambes, un calmant avalé, enfin seule avec mon chum, je soupirai de soulagement.

— *C'est terminé, mon amour, on a une belle fille en santé.*

Encore émue, je me glissai au creux de ses bras tout en me remémorant chacun des petits traits de notre fille.

— *Elle a ton orteil, as-tu remarqué...*

Certain qu'il avait remarqué. Il avait tout de suite regardé les petits pieds de Marie-Claude et fièrement constaté le petit orteil légèrement courbé vers la droite, tout comme le sien.

Il était visiblement heureux et l'entendre me parler de sa fille me fit du bien. L'accouchement ayant été difficile, j'étais encore un peu ébranlée. Je voulais l'entendre me répéter et répéter que tout allait bien, que Marie-Claude se portait à merveille. Heureusement, elle n'avait pas manqué d'oxygène ;

donc, physiquement, il n'y avait pas de séquelles. Malgré tout, j'éprouvais de l'inquiétude...

— *C'est quand même tout un choc qu'elle a vécu, ma chérie ; c'est juste normal qu'elle pleure comme ça. Un bon repos lui fera du bien. À nous aussi d'ailleurs... Tu verras, tout ira mieux demain.*

Je consentis au repos, mais je ne voulais tout de même pas qu'il parte tout de suite. J'aurais voulu rester ainsi pendant des heures, toute la nuit même, mais il devait partir... Cédrik et la gardienne étaient à la maison. À contrecœur, je lui donnai un dernier baiser et il partit dormir.

J'avais beau essayer de faire de même, je n'y arrivais pas. J'appuyai donc sur la sonnette et demandai à voir ma fille. Je me dis que si je la voyais, je pourrais peut-être dormir tranquille par la suite. En attendant, je regardai par la fenêtre de ma chambre ; il faisait noir. Tout était paisible. Sur l'étage, on pouvait entendre une mouche voler. La porte de ma chambre était ouverte et une lumière tamisée éclairait le corridor. J'étais dans une chambre privée et j'appréciais grandement cette tranquillité.

Quand l'infirmière de nuit entra dans ma chambre avec Marie-Claude, je demandai à être seule. Elle dormait. Je voulais l'observer, la sentir et la cajoler à mon goût.

— *Bonjour, mon petit cœur... Comme tu es jolie ! Je suis tellement contente de t'avoir à moi toute seule. Je sais que ça n'a pas été facile tantôt, mais c'est fini maintenant. Je suis là.*

Je la serrai fort fort contre mon cœur et la chaleur de nos deux corps nous enveloppa totalement.

— *Tu verras, tu seras bien avec nous. Tu as un petit frère adorable, très taquin, qui a bien hâte de te voir et de jouer avec toi. En plus, tu as le meilleur des papas. Tu aurais dû le voir* tantôt, il était fier comme un paon. Il t'attend depuis si long-temps. Tu sais que c'est lui qui a choisi ton prénom. Il a tant de rêves pour toi...

— Moi aussi, j'ai de beaux projets pour nous deux. J'ai hâte de te connaître, de jouer avec toi, d'aller magasiner, de te voir grandir... Mais tu sais ce que je te souhaite avant tout, petit trésor, c'est d'être bien et heureuse. L'important, ma chérie, c'est que tu sois là, maintenant, en santé et en sécurité.

— Je t'aime déjà tellement et je te promets que tu pourras toujours compter sur moi...

L'infirmière passa, jeta un coup d'œil et d'un air satisfait, referma ma porte. Il faisait sombre. Marie-Claude commença à se tortiller et à plisser le front. Elle semblait incommodée. Je tentai de la rendormir, mais elle grimaça de plus en plus. Un frisson parcourut mon corps et l'énergie dans la chambre se transforma tout à coup. Je me suis mise à avoir peur. Sans aucune raison apparente, j'étais terrifiée et mon cœur battait à tout rompre. Je chantai donc une berceuse pour nous calmer mais je ne pus la finir. Ma fille avait les yeux ouverts et elle me regardait avec cet air trop calme et étrange, ses yeux froids et vides me fixaient et transperçaient mon âme. Je n'arrivais pas à croire ce que je voyais. Je n'arrivais même pas à soutenir son regard. J'avais la chair de poule et, aussi éton-nant que cela puisse paraître, j'étais seule dans une chambre d'hôpital avec mon bébé naissant et j'étais affolée.

— Ouvrez la porte s'il vous plaît.

L'infirmière arriva et je lui donnai aussitôt Marie-Claude. Perplexe, elle me suggéra de m'endormir. Mais avant de fermer les yeux, je devais parler à mon mari.

— Aaaalo...

— *Chéri, il y a quelque chose d'anormal.*

— *Mais de quoi parles-tu ?*

— *Tantôt... la petite... j'ai eu peur...*

— *Tu as eu peur de quoi ?*

— *Je ne sais pas... Elle était dans mes bras et comme elle se réveillait un peu, j'ai eu vraiment peur. Comme si on n'était pas toutes seules... Je ne comprends pas ce qui s'est passé mais je n'aime pas ça.*

— *Bon, ne t'en fais pas. Tu n'es pas seule, il y a les infirmières... et tes hormones te jouent des tours. Couche-toi et dors, ça été une longue journée. Ça ira mieux demain.*

— *Je serai avec toi après le déjeuner de Cédrik.*

— *Tu as sûrement raison... Éric ?*

— *Humm...*

— *Tu me manques...*

— *Tu me manques aussi, chérie...*

Trois jours plus tard, le médecin m'accorda enfin mon congé. Il n'y a rien comme un séjour à l'hôpital pour nous faire apprécier le confort de notre foyer. La maison était propre et rangée, ça sentait bon et tout était en place pour accueillir Marie-Claude. Sa chambre toute rose l'attendait, le parc, le siège de bébé et la balançoire électrique étaient fin prêts.

Je n'ai plus reparlé de l'incident de panique vécu à l'hôpital. Les jours suivants s'étant relativement bien déroulés, je mis tout ça sur le compte de la fatigue et du stress. Mais un incident comme celui-là ne s'oublie jamais, et j'avais le cœur brisé de n'avoir pu ressentir le triomphe d'une rencontre paisible et sereine entre une mère et sa fille à l'aube d'une nouvelle vie.

Cependant, la rencontre entre Cédrik et sa sœur fut plus belle que je l'avais espéré. C'était comme s'ils se connaissaient déjà et qu'ils étaient contents de se retrouver. Cédrik la caressait. Toute la journée, il voulut lui donner son biberon. Il assista aux bains et changements de couches avec douceur et curiosité.

Lorsque je me couchai auprès de mon fils, ce soir-là, en chantant *Ferme tes jolis yeux*, je me suis sentie comblée par la vie. Une telle complicité nous unissait. Ma mère m'avait si souvent chanté cette chanson et Cédrik l'appréciait tout autant que moi enfant. La voix rassurante et la chaleur d'une mère sont un cadeau inestimable et j'allais pouvoir le communiquer deux fois plutôt qu'une. Un dernier bizou à mon fils et je me faufilai dans le corridor pour aller rejoindre ma fille endormie dans sa couchette.

C'est alors que des douleurs abdominales, ressenties un peu plus tôt dans la soirée, s'intensifièrent et m'empêchèrent d'avancer. J'étais clouée au sol, étourdie ; une chute de pression s'annonçait.

Éric m'aida à m'étendre sur mon lit, il me donna des médicaments et me proposa de dormir toute la nuit. Il allait s'occuper de Marie-Claude.

Malheureusement, mon sommeil douloureux et agité nous contraignit à nous rendre à l'hôpital le lendemain matin.

— *Vous souffrez d'une infection à l'utérus, madame. On va vous donner un antibiotique par intraveineuse et vous hospitaliser pour au moins quatre jours.*

— *Quatre jours ! Mais c'est impossible !*

J'ai eu beau rouspéter, une demie heure plus tard, j'étais à nouveau dans la chambre que j'avais quittée la veille. Et même si je me disais que quatre jours, c'est vite passé et que je devais profiter de ce moment pour prendre des forces, il n'y avait rien à faire, j'étais à bout de nerfs. J'avais un bébé naissant à la maison, elle avait besoin de moi et j'avais besoin d'elle. Mon fils me réclamait, je m'ennuyais de mon mari et lui, il n'avait plus une seconde pour lui-même. Il veillait sur Cédrik, instaurait une routine au bébé et accueillait les visiteurs venus voir ce joli petit poupon.

– *Mais c'est MON poupon!!!!!!!!!!!*

Je me sentais comme une lionne en cage qui, à travers les barreaux, regarde son petit lionceau s'éveiller à la vie.

Au bout du quatrième jour, je ne tenais plus en place, les heures avançaient et j'étais impatiente de rentrer à la maison. Mon médecin traitant était absent et le médecin de garde semblait avoir oublié ma présence. Il n'en fallait pas plus pour raviver en moi la colère d'être séparée si longtemps de mon bébé. Vers vingt-trois heures trente, j'enlevai mon soluté moi-même et rencontrai le médecin dans le corridor. Je lui fis part de mon départ, et malgré ses protestations et sa suggestion d'attendre au lendemain matin pour quitter, j'appelai un taxi. Je n'allais pas commencer une cinquième journée sans ma fille.

Ma petite lionne à moi avait maintenant huit jours, je la connaissais à peine. À minuit tapant, je rentrais enfin à la maison rejoindre les miens.

Le lendemain, Éric me laissa par écrit l'horaire décrivant la routine et les habitudes de Marie-Claude. Il embrassa celle-ci en lui demandant d'être bien sage avec maman, il ébouriffa les cheveux de son petit bonhomme et m'embrassa tendrement avant de partir pour le travail.

Une chance que Cédrik m'appelait *maman*, car autrement, je me serais sentie comme une étrangère, la nounou qui doit s'occuper de « bébé » avant le retour du papa.

Tout de même, la journée et la semaine passèrent et j'allais de mieux en mieux. J'apprivoisais tranquillement la routine et mon rôle de mère en double. Je jouais avec Cédrik entre deux brassées de lavage, j'écoutais « *Le roi lion* » pendant la préparation des repas et je berçais Marie-Claude pendant la sieste du plus vieux. Je désirais ardemment rattraper le temps perdu avec ma fille, mais nos désirs ne sont pas toujours réalité...

Marie-Claude n'était pas un bébé facile. Elle pleurait seize heures sur vingt-quatre. J'étais prise au dépourvu, car je ne comprenais pas pourquoi elle pleurait ainsi. Elle pleurait tellement qu'elle était constamment trempée. Elle était rouge écarlate et ses pleurs se transformaient souvent en hurlements. Je connaissais les coliques qui font souffrir les jeunes bébés, mais à mon avis, il était trop tôt pour ces maux de ventre épouvantables. Coliques ou pas, je faisais tout mon possible pour la soulager. Je la berçais, je marchais, je la collais, je l'ai même déposée sur la sécheuse. J'ai vu un chiropraticien, donné des gouttes homéopathiques, fait des tours en poussette, sans oublier tous les trucs de grand-maman : une menthe diluée dans l'eau, les tours en automobile... tout y passait. Il n'y avait rien à faire ! Marie-Claude pleurait seize heures sur vingt-quatre quoi qu'on y fasse. Éric prenait la relève dès qu'il arrivait du travail, et moi, j'allais au parc avec Cédrik pour essayer de me libérer de ces pleurs qui résonnaient dans ma tête.

Au bout de huit jours intensifs, Marie-Claude avait souffert cent vingt-huit heures, et moi j'étais au bord de la crise de nerfs.

À la suite d'un appel à la clinique de médecine familiale, je me retrouvai donc dans le bureau du médecin, espérant qu'il ait une recette miracle pour moi.

Je me promenais de long en large, Marie-Claude dans mes bras, bien au chaud son ventre contre le mien. Je lui massais le dos en faisant des mouvements circulaires et je prenais de grandes respirations pour ne pas pleurer.

— *Votre fille souffre de coliques sévères. De violentes crises abdominales.*

Ça, je m'en doutais !

— *Ce que je veux, docteur, c'est un médicament ou des conseils pour calmer sa douleur. Ça m'arrache le cœur de la voir souffrir ainsi.*

— *Malheureusement, il n'y a rien à faire. Marie-Claude grandit et grossit bien. Elle suit la courbe normale de croissance. Elle n'a pas perdu de poids, elle n'est pas déshydratée ; alors, le mieux qu'on puisse faire, c'est de la prendre ventre contre ventre le plus souvent possible.*

J'étais au bord des larmes.

Comment lui expliquer que même dans mes bras, elle pleurait sans arrêt. Comment trouver les mots pour lui dire que je n'en pouvais plus. Que je voulais bien la consoler, mais que je sentais qu'au-delà de la douleur, je n'arrivais pas à l'atteindre et à la rassurer par ma présence. J'étais tellement fatiguée que les mots ne venaient pas...

Abattue, j'allai chercher Cédrik chez une amie et je rentrai à la maison. Je regardais encore la «prescription» qu'il m'avait donnée avant de partir; je ne savais pas si je devais en rire ou en pleurer. Il était inscrit: «*Vous procurer des grand-mères pour prendre la relève, une garderie pour votre fils, une bière à dix heures le matin pour vous détendre et plusieurs douches par jour pour retrouver le calme intérieur.*»

    – *Il faut vous reposer, c'est le mieux qu'on puisse faire pour elle* avait dit le médecin.

De retour à la maison, Éric me trouva assise sur la galerie pendant que Cédrik jouait dehors. Les larmes coulant à flot, une boîte de papier-mouchoirs à mes côtés et Marie-Claude pleurant dans sa poussette. Je lui racontai ma journée. Avec son calme habituel, il m'écouta attentivement et, plein de tendresse, il me serra dans ses bras et il me proposa un bon bain moussant.

Submergée de bulles, je remerciai le ciel d'avoir un aussi bon mari, et le priai également d'envoyer du renfort.

Au cours des trois mois qui suivirent, je tentai, la bière en moins, de suivre les conseils du médecin et je fis de mon mieux pour rendre la situation le plus agréable possible pour nous tous. Mon fils a réintégré la garderie qu'il fréquentait avant la naissance de sa sœur. Il aimait beaucoup Daniel, son éducateur. Il s'amusait bien le jour, et à son retour à la maison, il était très fier de nous montrer les chefs-d'œuvre qu'il avait réalisés. Comme je ne le voyais pas de la journée, c'était toujours agréable de se retrouver et de se raconter nos petits bonheurs. Le truc de la douche fonctionnait, je réussissais ainsi à me calmer et à refaire mes énergies un tout petit peu. Mais la culpabilité me rongeait deux fois plus lorsque je retournais chercher Marie-Claude dans son petit lit et qu'elle était trempée tellement elle avait pleuré. C'était un de ces conseils que j'utilisais en dernier recours seulement. Malgré tout, nous avons appris à vivre avec ces coliques sévères et nous faisions des petits «x» sur le calendrier pour chaque journée passée.

— *On compte les dodos*, disait Cédrik.

Il avait bien hâte lui aussi qu'elle cesse « d'avoir bobo au ventre ».

Oui, elle pleurait beaucoup et ça occupait une bonne partie de sa journée, mais Marie-Claude s'éveillait également, petit à petit, aux membres de sa famille. Il était clair qu'elle se sentait bien dans les bras de son père. Il suffisait qu'il descende au sous-sol, qu'il enlève son chandail, qu'il l'installe bien confortablement sur son torse nu et qu'il la berce tout doucement pour qu'elle se calme. Elle gagnait ainsi une bonne demi-heure de sommeil avant que les coliques ne la tenaillent à nouveau. Lorsque la douleur lui donnait quelques minutes de répit, elle nous regardait dans les yeux ou au-dessus de notre tête et elle semblait nous analyser. J'aimais la regarder, elle était tellement belle! Étrangement, même si elle n'aimait pas beaucoup se faire prendre, elle avait vraiment besoin qu'on soit près d'elle. Elle requérait notre présence ou notre voix à tout moment. Si je la couchais dans sa chambre pour la sieste, elle se mettait à hurler. J'aurais pu insister pour qu'elle dorme dans sa chambre en me disant que ce petit caprice lui passerait bien, mais une petite voix en moi me disait qu'il y avait autre chose... Je sentais cette peur qui revenait de temps en temps et qui me rappelait la nuit de sa naissance. Je n'arrivais pas à comprendre d'où ça venait et pourquoi c'était là. Cette peur n'était pas présente tous les jours, mais lorsqu'elle se manifestait, j'étais prise d'un malaise inexplicable. Je regardais autour de moi et je semblais être la seule dans cette famille à ressentir cette sensation. Je n'osais pas en parler parce que je n'avais pas les mots pour expliquer ce que je ressentais, mais pour le moment il était hors de question que je la laisse seule dans son lit. J'installai donc son parc dans la cuisine et Marie-Claude prit l'habitude de dormir dans les bruits quotidiens de la maison.

Cédrik fut le premier à recevoir ses sourires. Ils étaient plutôt rares, alors c'était un beau cadeau qu'elle lui faisait. Autant elle était paisible avec son père, autant la présence de son frère la faisait sourire et quelquefois rire aux éclats. Elle aimait le voir sauter sur place devant elle et grimacer. Tout son corps s'illuminait en sa présence. Il y avait une belle complicité entre ces deux-là.

À ce stade-ci, je ne pouvais déterminer quelle était ma relation avec elle. Je l'aimais de tout mon être, mais je sentais qu'elle n'accueillait pas cet amour. Je pouvais la prendre, la bercer et faire toutes les activités quotidiennes avec elle, mais le courant ne passait pas bien. Est-ce possible qu'un tout petit bébé puisse repousser la tendresse de sa mère? Je ne sais pas, mais c'était une torture pour moi de la voir pleurer dans mes bras et soupirer de soulagement et même esquisser un sourire dès que son père la reprenait. J'avais beau dédramatiser en faisant de l'humour, au fond de moi-même, j'étais blessée. Avec le temps, je réussis à enfouir cette sensation de rejet au plus profond de mon être. Je me disais que c'était mon imagination et que les coliques terminées, tout irait pour le mieux.

On dit que les coliques durent trois mois. Une date encerclée en rouge sur notre calendrier: 28 août 1996. Également, date d'anniversaire de ma tante. Nous devions aller célébrer sur le bateau de ma mère, mais dans mon cœur, j'allais surtout fêter le début d'une nouvelle vie pour ma fille et moi. Sa naissance difficile, mon absence pendant la première semaine de sa vie et les coliques sévères seraient bientôt derrière nous. Marie-Claude n'était pas un bébé pleinement épanoui, mais j'avais espoir d'un nouveau départ pour nous deux. J'étais très excitée à cette idée et j'avais bien hâte de célébrer tout ça. Pendant les préparatifs, Marie-Claude pleurait et je me disais: «*Ça achève, ma chérie, ça achève!*»

Je tentais de la calmer, mais rien à faire, les pleurs s'intensifiaient. Alors qu'Éric lui préparait son biberon, je constatai quelque chose de blanc et pointu dans sa bouche. C'était à peine croyable, Marie-Claude avait trois mois, elle était fiévreuse et elle perçait des dents! Ce soir-là, je manquai le bateau de la célébration et ce, dans tous les sens du terme.

Je ne sais pas à quel moment je me résignai, mais je le fis. De toute façon, on n'a pas le contrôle sur des maux de ventre ou la poussée des dents. Je fis le deuil d'un début de vie facile et douillet pour Marie-Claude. Avec une certaine rage au cœur, j'acceptai le fait que je ne pouvais rien effacer ni tout recommencer.

J'étais convaincue qu'en persistant à être là pour elle, une fois les douleurs passées, j'arriverais à trouver le chemin qui me mènerait à son cœur.

Les crises, 1997

Le temps fila à vive allure et Marie-Claude grandit tout aussi rapidement. Elle était passée des coliques aux maux de dents, et des maux de dents aux otites à répétition. Elle pouvait développer jusqu'à dix otites par hiver et elle fut même opérée à deux reprises. À la suite de chirurgies mineures à ses oreilles, elle eut finalement un répit en ce qui a trait à la douleur. Ce moment d'accalmie lui permit d'observer son entourage et d'explorer chaque recoin de la maison. Elle était curieuse et surtout très agitée. À dix mois, elle marchait et touchait à tout ce qui lui tombait sous la main, et à l'aube de ses deux ans, son comportement devenait de plus en plus perturbant. Ce que j'avais tant espéré ne s'était pas produit. Il y avait toujours ce «je ne sais quoi» qui m'empêchait d'établir un véritable contact avec elle.

Sous un regard extérieur, tout semblait aller pour le mieux. En apparence, nous formions une belle famille; Éric travaillait sur des projets de plus en plus stimulants, et moi, j'occupais un poste de remplacement dans une école primaire. Métro-boulot-dodo quoi ! Pourtant, viscéralement, il se tramait quelque chose qui me donnait la chair de poule. Mes sensations de malaise se faisaient sentir de plus en plus fréquemment...

C'est par inquiétude que nous nous sommes retrouvés, un samedi midi, dans un Mc Donald's, à aider une voisine qui fêtait l'anniversaire de son petit garçon. Cédrik et Marie-Claude avaient été invités à la fête de leur ami. J'appréciais cette attention, mais je ne me résignais pas à laisser Marie-Claude partir sans nous.

Depuis quelque temps, lorsque nous quittions la maison ou s'il y avait une occasion spéciale, Marie-Claude adoptait un comportement étrange. Elle ne pouvait tenir en place deux minutes et elle devenait de plus en plus agressive. Elle pouvait mordre, taper, crier, et dans ces moments, il devenait très difficile d'établir un contact, quel qu'il soit, pour la ramener au calme.

– *Marie-Claude, les amis, regardez-moi, s'il vous plaît, je vais prendre une belle photo.*

Marie-Claude me regarda, mais elle ferma les yeux aussitôt.

– *Pas tatow...* me dit-elle.

«Tatow» était le mot qu'elle utilisait pour se désigner et malgré nos efforts à prononcer lentement et avec insistance chacune des syllabes de son prénom, elle continuait à se prénommer ainsi.

– *S'il te plaît, Marie-Claude, pas encore, je n'ai pas une seule photo de toi, les yeux ouverts depuis l'hiver. Allez... fais un beau sourire à la caméra.*

Elle ne m'écoutait déjà plus et elle s'apprêtait à s'esquiver.

– *Attends, attends...*

– *Laisse-la*, dit Éric, *elle a horreur d'être prise en photo.*

Encore une fois, il venait à sa rescousse et refusait de voir à quel point Marie-Claude pouvait être différente des autres enfants. Il ne voyait pas qu'elle avait commencé à s'agiter et que si je ne l'isolais pas, nous serions confrontés à ce que j'appelais «ses fameuses crises». C'était des crises d'une telle intensité que je n'arrivais plus à reconnaître ma propre fille. Dans ces moments-là, Marie-Claude semblait avoir accès à un monde bien à elle. Un monde plein de violence et d'agressivité. J'étais inquiète pour elle, pour nous, et même pour les autres enfants qui pouvaient la contrarier. Elle avait ses bons moments, certes, et c'est tout ce qu'Éric voulait bien voir.

Je n'insistai pas pour la photo. Je la pris dans mes bras et l'emmenai prendre une marche à l'extérieur. Feindre un mal de tête pour quitter le restaurant n'était pas ce que je préférais faire, mais je savais que c'était ce qu'il fallait pour nous éviter une crise.

Le lundi suivant, à la salle des professeurs, une collègue remarqua mon air absent et elle m'invita à m'asseoir. Je pris un café et lui confiai mes inquiétudes sur le comportement de ma fille. Elle m'écouta attentivement et au bout de quelques minutes, elle me dit avoir vécu sensiblement la même chose avec sa propre fille.

– *On appelle ça « le deux ans terrible », ma chère.*

Ah! Oui... Cette fameuse étape du développement de l'enfant où il apprend à s'affirmer et entre dans la phase du non. Je connais la chanson... Cédrik aussi m'avait maintes fois dit «Non» avec vigueur. Avant de retourner dans ma classe, je la remerciai chaleureusement de son écoute et lui promis de réfléchir à sa théorie du terrible deux ans.

J'aurais tellement voulu me convaincre que Marie-Claude entrait dans une phase, j'espérais de tout cœur que ce ne soit que cela, mais un doute me poursuivait. Je sais qu'on ne peut comparer deux enfants d'une même famille, ils sont semblables et différents à la fois. Mais là, la différence était trop frappante. Elle n'était pas comme Cédrik et sans être capable de nommer ou expliquer ce que je ressentais, ça allait au-delà d'une simple rébellion. Elle dormait de moins en moins la nuit et elle était incapable du minimum de concentration que l'on attend d'un enfant de cet âge. Marie-Claude était tellement difficile à saisir ! À certains moments, elle était affectueuse et riait, et soudain, sans crier gare, tout pouvait basculer.

Un samedi matin, alors que je faisais le ménage, un bruit attira mon attention. J'étais dans la cuisine et j'entendis un certain vacarme provenant de la salle de bain à l'étage supérieur. Je montai l'escalier et je trouvai Marie-Claude assise par terre en train de vider tous mes cosmétiques sur le plancher. La scène était assez comique et je profitai de ce moment pour lui expliquer que les beaux rouges à lèvres de maman devaient rester dans le tiroir. Comme je prenais le premier rouge à lèvres dans mes mains pour le ranger, Marie-Claude entra dans une colère terrible. Elle criait, donnait des coups de pieds et cognait sa tête sur le plancher. J'essayais de la tenir pour ne pas qu'elle se blesse et c'est alors que tout changea. Elle arrêta tout mouvement, et me regarda droit dans les yeux. Je n'oublierai jamais ces yeux vides et froids. C'était ces mêmes yeux, ce même regard qui m'avait fait si peur il y a deux ans. J'étais pétrifiée.

– À *Tatow*, me dit-elle, un rouge à lèvres à la main.

Elle se tenait devant moi et j'avais peine à la reconnaître. Ça ne pouvait pas être ma petite fille. Cette voix si grave et rauque n'était pas la sienne. Je soutenais son regard, mais mon cœur battait à tout rompre. Je lui dis doucement

– *Le rouge à lèvres n'est pas à toi, Marie-Claude, range-le dans le tiroir...*

Tout en soutenant mon regard, elle enleva le bouchon et avec une force violente, elle écrasa le rouge à lèvres sur le plancher et me regarda à nouveau. Elle me défiait et restait là sans bouger. Malgré mes jambes tremblantes, je me levai et pris un autre rouge à lèvres sur le sol et lui tendis pour qu'elle le range. La même chose se produisit. Je répétai les mêmes gestes jusqu'à ce qu'il n'y ait plus un seul rouge à lèvres sur le plancher. J'étais angoissée, mais je devais continuer pour tenter de comprendre ce qui arrivait à ma fille. Ce n'était pas autant ce qu'elle faisait qui m'effrayait que ce regard et surtout cette énergie qu'elle dégageait. J'avais peur d'elle. Tout se bousculait dans ma tête... Je savais depuis longtemps qu'il y avait quelque chose qui n'allait pas, mais là j'étais dépassée. C'était trop pour moi. Je voulais crier, frapper, pleurer, m'enfuir... Je tenais ma tête entre mes mains et je voulais que ma fille disparaisse de ma vue. Pourquoi faisait-elle ça? Pourquoi changeait-elle comme ça? J'étais si bouleversée que je n'arrivais plus à penser. Ce n'est pas ma fille, ça; ma fille est douce, elle a des beaux yeux ma fille...

– *Je veux ma fille...* dis-je dans un murmure entrecoupé de larmes.

Cédrik, qui était monté, posa sa main sur mon épaule et demanda s'il pouvait lui aussi dessiner sur le plancher. J'aurais voulu pleurer, mais comment lui expliquer... J'étais seule avec mon désarroi. Je pris Marie-Claude, qui était d'un calme effroyable, et je l'envoyai dans sa chambre. Silencieuse, j'entrepris de tout nettoyer.

41

Le soir même, lorsque je racontai le tout à Éric, il ne comprit pas mon affolement. Il admettait qu'elle était plus rebelle que les autres enfants, mais selon lui, je m'inquiétais pour rien.

Si seulement il avait vu...

Les semaines passèrent et entre l'enseignement, la correction et la famille, il restait très peu de temps pour les loisirs. Et quand il y en avait, j'étais trop épuisée pour sortir. Marie-Claude fréquentait la même garderie que son frère et tous les soirs, Daniel, son éducateur avait un commentaire pour moi. «*Marie-Claude n'écoute pas, Marie-Claude est distraite, Marie-Claude déchire les bricolages des amis, Marie-Claude commence à mordre, Marie-Claude ne dort pas, Marie-Claude est agitée, Marie-Claude ci..., Marie-Claude ça...* »

Ces phrases, je les connaissais par cœur. Je le vivais à la maison. Une chance que Daniel est patient. Autrement, je n'y arriverais pas.

Un soir, j'étais étendue sur le divan et Éric vint me rejoindre. Le souper était terminé, la vaisselle rangée et les enfants jouaient au sous-sol. Marie-Claude était au cœur de notre conversation, je cherchais des solutions. Daniel était coopératif, mais je me doutais bien que ce n'était pas facile pour lui et les autres enfants du groupe. Il fallait faire quelque chose avant qu'elle perde sa place à la garderie. Mais malgré mes commentaires et ceux rapportés par Daniel, Éric continuait de penser que le temps arrangerait les choses. Je ne pouvais pas croire ce que j'entendais et je répliquai d'emblée.

– *On ne peut pas se permettre d'attendre. Encore hier, elle s'est levée à six reprises pendant la nuit. Elle se promène dans la maison tout en marmonnant. Lorsqu'on la reconduit à sa chambre, elle s'objecte violemment et nous donne des coups de*

*pieds. Ça ne peut plus continuer comme ça. Elle a un comporte-
ment changeant, elle fait des choses étranges et ça, c'est sans
compter ses problèmes d'élocution.*

J'allais m'emporter, mais les cris de Cédrik m'en empêchèrent.

– *MAmaaaann, Papaaaaaa... Marie a fait un dégât...*

Cédrik semblait inquiet, alors nous descendîmes rapidement au sous-sol.

En la voyant, je me suis mise à pleurer. Elle était dans la
salle de lavage, assis dans une marre d'eau de Javel, recroquevillée dans son monde bien à elle.

Quand je me couchai ce soir-là, j'aurais voulu être à des
milliers de kilomètres de cette maison. Mais qu'est-ce qui se
passait? Pourquoi faisait-elle ça? Tant de questions sans
réponses me trottaient dans la tête et même les bras réconfor-
tants d'Éric n'arrivaient pas à m'apaiser.

Je devenais obsédée par le comportement de ma fille.
Elle avait de bons moments et j'en profitais pleinement quand
ça se produisait, car je ne savais jamais quand tout pouvait
basculer. J'essayais d'être présente et joyeuse, mais à l'intérieur de moi, je m'éteignais à petit feu. J'appréhendais chaque
petit signe ou moindre changement de routine. Elle devait à
tout prix demeurer à la maison dans un environnement calme
et serein. Je commençais même à reconnaître certains signes
précurseurs d'un changement violent. Il suffisait qu'un invité
arrive, qu'on fasse une sortie ou un voyage pour qu'elle
devienne de plus en plus active et agressive. À ce moment-là,
sa voix devenait aiguë et il était presque impossible de capter
son attention. Si j'arrivais à temps, je pouvais la calmer et
nous éviter le pire. Sinon, c'était comme si elle nous quittait et
je ne reconnaissais plus l'enfant devant moi.

C'est au mois de décembre que j'ai pris conscience que je menais une double vie. J'étais au restaurant pour la fête de ma mère. Il y avait ma mère, bien évidemment, son amie de cœur, ma tante, mon oncle, ma sœur et ma filleule, Jade, âgée d'un an. Je souriais et discutais avec les gens autour de moi, mais en réalité, je scrutais Marie-Claude du coin de l'œil. Elle était assise à côté de son père, en face de moi, et elle bougeait constamment. J'étais très inquiète. Je lui demandai donc de venir s'asseoir sur moi, mais elle ne me regarda pas. Je la nommai, mais rien à faire. Elle commença à courir autour de la table et alla se réfugier en dessous. Elle marmonnait et se balançait. Là, je craignais le pire. J'avais les nerfs à fleur de peau et je ne pouvais pas la laisser faire. Je haussai le ton pour capter son attention ; elle devait se calmer. Ma mère me regarda en me disant qu'elle n'était qu'une enfant, qu'elle ne faisait rien de grave.

« *Rien de grave. Mon œil !* » J'avais juste le goût de lui dire d'attendre une demi-heure encore et elle verrait ce que c'est, quelque chose de grave. J'étais totalement paniquée à l'idée que Marie-Claude puisse se « *transformer* » sous leurs yeux. Je fis signe à Éric de payer la facture, je voulais m'en aller. Je mis mon manteau et demandai à Marie-Claude de venir mettre le sien. Ce petit « *non* » aigu m'inquiéta davantage, il fallait faire vite.

Pendant que j'habillais Cédrik, elle continua de s'agiter. J'étais de plus en plus nerveuse et je tentai d'accélérer le départ. C'est alors que j'entendis des pleurs stridents. Je me retournai, Marie-Claude fixait mon regard, elle venait de taper Jade.

Je connaissais maintenant trop bien ce visage, et pour rien au monde je voulais y faire face devant mes proches. J'étais déroutée, paniquée et j'avais le vertige. Feignant le calme le plus complet, je pris Marie-Claude dans mes bras en lui disant d'être douce avec les gens ;

— *Taper, ça fait bobo mon cœur !*

et je la remis à son père en le suppliant du regard.

— *Va installer les enfants dans la voiture, j'arrive dans quelques minutes.*

Heureusement, Jade n'avait rien. Je m'excusai auprès de ma famille en prétextant un mal de tête. J'embrassai ma mère et quittai le restaurant. Mais le commentaire qu'elle fit avant mon départ, m'atteignit en plein cœur.

— *Va falloir que tu fasses quelque chose, Anick, je trouve que Marie-Claude est agressive...*

— *Ouais, ouais, maman, je sais, c'est le fameux terrible deux ans qui commence, ne t'en fais pas...*

Lorsque je la couchai dans son lit ce soir-là, je la regardai dormir et ne pus contenir mes larmes plus longtemps. Je pleurai de désespoir jusqu'à l'épuisement. Je me sentais tellement seule, personne à qui me confier... Je ne pouvais pas en parler... Je ne voulais pas en parler... Et qu'est-ce que j'aurais dit ? Je ne savais même pas moi-même ce qui se passait avec ma propre fille. Mais ce que je savais, c'est que je ne pourrais pas continuer de faire semblant que tout allait bien encore très très longtemps. Je me couchai à ses côtés, flattant une mèche de ses cheveux et je m'assoupis tout doucement. C'est une sensation bizarre qui me réveilla. Marie-Claude dormait d'un sommeil agité et je ne pus rester à côté d'elle plus longtemps. J'avais la chair de poule, il faisait froid et je sentis une présence tout près de nous. Je regardai autour, mais nous étions seules. Pourtant, je la sentais trop bien cette présence, c'était si intense que mes poumons étaient oppressés.

Mon cœur battait à toute vitesse et j'étais morte de peur. J'allumai une veilleuse et quittai la chambre aussi vite que je pus. J'étais là, appuyée sur le mur du corridor entre ma chambre et celle de ma fille. Je reprenais mon souffle. « *Je suis vraiment en train de devenir folle* », pensai-je. Je ne peux quand même pas dire à Éric que j'ai peur de ma fille quand elle dort... Il fallait que je me ressaisisse et que je tente d'oublier tout ça. « *Ils vont m'enfermer si ça continue.* »

En deux mois à peine, j'étais devenue une loque humaine. Ma vie se résumait à exécuter machinalement les activités routinières d'une journée et à être aux aguets pour Marie-Claude. J'étais constamment sur le pied d'alerte. Les crises pouvaient survenir à tout moment et l'allure qu'elles prenaient variait d'une fois à l'autre. Certains jours, j'étais paralysée par la peur et d'autres fois, j'étais atterrée de voir l'étendue de sa violence. Sous l'effet de la crise, Marie-Claude se transformait littéralement. Son corps se contorsionnait et le timbre de sa voix était méconnaissable. Les manifestations étaient fréquentes et potentiellement dangereuses. Dans ses colères terribles, il lui arrivait de se blesser, et si quelqu'un était à ses côtés, elle cherchait frénétiquement à le mordre ou le frapper. Si personne n'y était, elle lançait et fracassait les objets à sa portée. C'était plus fort qu'elle, comme si elle était incapable de gérer la charge émotive et que la violence devenait son exutoire. C'était dérangeant et bouleversant de la voir ainsi.

Une nuit, des cris aigus me sortirent de mon sommeil. Je me précipitai dans la chambre de Marie-Claude et découvris avec horreur qu'elle se frappait les parties génitales. J'intervins rapidement en lui agrippant les mains et elle sortit de sa torpeur. Marie-Claude se plaignit soudainement de douleurs à la vulve. Elle n'avait pas conscience de ce qu'elle s'était infligée et elle demanda ce qui s'était passé. Cette nuit-là, je lui donnai une débarbouillette d'eau froide qu'on appliqua entre ses jambes et l'emmenai dans notre lit. J'étais au désespoir...

À partir de ce jour, il arrivait fréquemment à Marie-Claude de nous rejoindre et de passer le reste de la nuit avec nous. Elle se pointait dans notre chambre, sa doudou à la main, et elle se dirigeait vers Éric en lui murmurant douce-ment: «*Dodo avec toi*». Automatiquement, Éric se collait à moi, laissant ainsi une place pour sa fille. Et c'est là, seule-ment là, que nous pouvions dormir plus profondément. Avec nous, Marie-Claude dormait paisiblement.

Le temps passait et je m'enfermais de plus en plus. Je refusais systématiquement toute offre de sortie. Le jour, j'en-seignais à mes tout-petits, et quand je croisais des gens que je connaissais, j'affichais un sourire et déviais les conversations trop personnelles. Le soir, exténuée, je rentrais à la maison et je m'occupais des miens du mieux que je le pouvais. Éric était inquiet à mon sujet, mais je ne voulais plus m'expliquer. Il semblait croire que j'exagérais la situation et de toute façon, je ne voyais pas d'explication possible à ce que je vivais et res-sentais. Emmurée dans un silence, j'errais inconsciemment dans l'attente d'y voir plus clair.

En cette deuxième semaine de février, Éric avait rejoint au téléphone sa grande amie Ginette. Depuis le départ de celle-ci pour Montréal, ils ne se voyaient plus aussi souvent qu'avant et ça lui manquait. Elle proposa donc de venir nous rendre visite pour la fin de semaine et nous présenter son nouveau copain. Éric était tellement content à l'idée de passer du bon temps avec un couple d'amis que je ne pouvais refuser.

– *Tu as besoin de te reposer et de te changer les idées, ma chérie. Ça fera du bien de s'amuser un peu. On ne sort presque plus...*

Que pouvais-je dire pour l'en dissuader ? Que Marie-Claude ne les connaissait pas et que ça pouvait l'exciter et provoquer une crise ? Que je m'inquiétais qu'elle se transforme sous leurs yeux ? Que je refusais qu'ils viennent par peur d'entendre la voix bizarre ou de voir les yeux méchants ? Non, les mots ne venaient pas et je ne pouvais lui refuser ça. Il avait bien raison et Éric avait besoin de moi également. Je me suis endormie en priant pour que tout aille bien et en pensant à la liste des préparatifs pour recevoir nos invités.

Comme prévu, samedi matin, le ménage était fait, la chambre d'amis préparée, le frigo bien rempli et les fleurs achetées. Il me restait quelques heures avant l'arrivée de Ginette et Jean-Pierre ; je pouvais donc m'offrir un bel avant-midi de magasinage avec ma copine Judith. C'était fort agréable et je me suis surprise à apprécier le fait de me sentir femme à nouveau. Mes inquiétudes de mère avaient pris toute la place et j'en avais oublié les petits plaisirs de la vie. J'étais excitée à l'idée de mettre mes nouveaux vêtements, de me maquiller, d'être belle et séduisante pour mon mari. Il avait eu raison de les inviter. J'étais de bonne humeur, j'avais hâte de rencontrer le nouvel ami de Ginette et surtout, j'étais impatiente à l'idée de savourer un alléchant repas dans l'un des restaurants les plus romantiques de la ville, *Le Fiorentina*. Mais avant de se retrouver entre adultes pour la soirée, nous devions passer la journée avec les enfants et nos invités.

Un tour de ville était prévu. J'éprouvais quelques craintes, car je ne pouvais tout contrôler. Comme tout changement de routine pour ma fille pouvait devenir un déclencheur de crise, j'envisageais de la tenir près de moi tout l'après midi. Heureusement, nous serions à l'extérieur, l'air frais et les grands espaces seraient bénéfiques pour elle. Il était hors de question de visiter des musées ou des espaces clos. Elle était loin de bien les supporter.

À mon plus grand étonnement, la journée se déroula à merveille. Les enfants étaient de bonne humeur et nous avons passé l'après-midi à visiter la ville d'Ottawa. Je ne savais pas que ça pouvait être amusant de jouer les touristes dans sa propre région. Nous avons arpenté les rues et les boutiques. Le Parlement, l'architecture des bâtiments environnants et le canal Rideau, nous ont charmés par leur prestance. Cédrik et Marie-Claude s'amusaient bien. Quel soulagement ! Cela présageait une belle soirée pour les enfants et la gardienne.

Éric était content de revoir Ginette et Jean-Pierre, son nouveau copain, était fort sympathique. J'aimais bien son petit côté pince-sans-rire. À plusieurs reprises, il me fit rire et au fil de la journée, mes inquiétudes semblaient moins lourdes.

Un peu plus tard pendant le souper, je pris le temps d'observer attentivement Éric et mes amis. Je vivais pleinement le moment présent et je respirais à fond. Pour une fois depuis fort longtemps, je sentis mon corps se détendre... Je ne sais pas si c'était la bouteille de vin, la belle caresse de Marie-Claude avant mon départ pour le restaurant ou bien le regard de mon mari qui m'excitait, mais pour une soirée, enfin, j'oubliai mes soucis et décidai de me laisser aller et de m'amuser. Nous avons mangé et discuté pendant quelques heures à la lueur des chandelles, puis nous avons terminé la soirée au bar où Éric et moi nous nous étions rencontrés. De bons souvenirs revenaient à ma mémoire. La bière coulait à flot, la musique bombardait mes oreilles et les blagues de Jean-Pierre me faisaient rire aux éclats. Je me sentais bien, je me sentais vivre à nouveau.

À la fin de la soirée, sur le chemin du retour, l'euphorie s'estompa pour laisser place à une infinie tendresse. Même si nous étions quatre dans la voiture, Éric me caressait la main et plus rien n'existait. Ce même soir en entrant dans notre chambre, Éric semblait songeur. Il me regardait si intensément que je n'osais plus bouger. C'était comme s'il me découvrait à nouveau. Un à un, il défit les boutons de sa chemise, enleva son pantalon et se coucha complètement nu sur le grand lit.

– *Fais-moi l'amour, Anick... j'ai besoin de toi...*

L'émotion dans son regard m'atteignit en plein cœur et me rappela à quel point je l'aimais et j'avais besoin de lui également. Toute frissonnante, je me glissai sur lui et goûtai à sa peau. Chaque caresse, chaque toucher raviva ma passion et mon amour. Je le chevauchai tout doucement... et encore plus fort jusqu'à ce que nos deux corps ne forment plus qu'un. Jusqu'à ce que chaque parcelle de ma peau s'imprègne de son odeur...

Et comme un volcan en éruption, je laissai jaillir les émotions et je criai ma joie et ma douleur, ma peine et mon bonheur... Mon être tout entier lui appartenait. Et quand il explosa en moi, je sentis sa chaleur se répandre et m'envelopper tout doucement.

Cette nuit-là, je dormis paisiblement au creux de ses bras, pendant qu'un petit être prenait naissance au fond de moi. Éric donnait la vie et je reprenais goût à la mienne. Une chose était maintenant claire pour moi. Je ne me laisserais plus anéantir. J'allais enfin suivre mon instinct et me battre pour ma fille.

Nous étions maintenant en juin et les quatre derniers mois avaient été déterminants. Pas qu'il y ait eu d'énormes changements chez Marie-Claude; les crises étaient toujours aussi présentes, mais une force en moi était apparue. J'ai pris conscience que si je voulais aider ma fille du mieux que je pouvais, je devais commencer par faire face à la situation et surtout ne pas l'abandonner quand la peur me saisissait. C'était toujours aussi terrifiant, mais j'apprenais à combattre ma peur et à rester devant Marie-Claude. J'ai soutenu son regard, accepté ses coups, ses cris et ses excès de violence. Je la touchais malgré tout, au risque de me blesser parfois, mais je devais réussir à la prendre dans mes bras et à la maintenir serrée tout contre moi. Apprivoiser cette voix qui venait d'ailleurs et ce regard noir qu'elle avait était le plus difficile. Par contre, avec cette rage de vaincre qui bouillonnait en moi, je la fixais aussi intensément que possible et je lui répétais qu'elle ne m'aurait pas.

– *Je ne lâcherai pas ma belle, ne compte pas là-dessus...*

Oh! Non! Je n'allais pas abandonner. Le soir de sa naissance, j'avais promis qu'elle pourrait toujours compter sur moi...

Je ne dis pas que ce fut facile, mais je compris quelque chose de très important au cours de cette période. Je compris que nier les comportements de ma fille n'éloignait pas les problèmes. Surmonter mes angoisses et accepter les faits m'aidaient à me sentir plus forte et fière de moi. Plus je combattais ma peur et acceptais ma fille, plus je me sentais en contrôle. Pourtant les crises étaient toujours là, mais elles ne m'anéantissaient plus autant qu'avant. Je n'étais pas totalement à l'aise avec la situation et j'avais toujours ce besoin de comprendre ce qui se passait avec Marie-Claude, mais comme je n'étais plus paralysée par tout ça, j'avais presque une vie normale, du moins je le pensais, et ça me faisait du bien de le croire.

Ce répit émotionnel me permit de reprendre contact avec moi-même et les miens. Cela me permit également de m'accorder du temps de repos pour être en forme pour le bébé qui s'en venait. J'avais été bien surprise de constater que j'étais enceinte. J'étais heureuse et angoissée tout à la fois. Nous voulions un troisième enfant, certes, mais les journées étaient tellement difficiles avec Marie-Claude que j'éprouvais certaines craintes à avoir un autre enfant maintenant. Mais comme je ne peux résister longtemps à l'idée d'un beau bébé tout neuf qui nous ressemble à Éric et moi, j'ai bien vite accepté l'idée d'être maman encore une fois. J'avais déjà eu mon lot de misères, me disais-je. Alors j'essayais de me convaincre que la vie m'épargnerait et m'enverrait un beau petit garçon bien sage et amusant comme mon premier. Cédrik, lui, avait maintenant quatre ans et il se réjouissait de la venue de ce bébé. Il me disait souvent en mettant sa petite main sur mon ventre : « *C'est mon frère, hein, maman ? Il va jouer au Nintendo avec moi, hein ?* »

J'avais beau lui répéter qu'on ne savait pas encore si c'était un garçon ou une fille, il était convaincu que nous lui avions « préparé » un petit frère. Et je commençais à le croire aussi. Marie-Claude, elle, ne pouvait comprendre ce qui se passait vraiment, mais elle disait le mot « bébé » en pointant mon ventre. Quant à Éric, toujours aussi content, il massait ma bedaine bien ronde tous les soirs avec de la vitamine E. Souvent, il collait sa bouche sur mon ventre et de façon loufoque, il parlait au bébé et lui passait sa commande des qualités requises. Un beau petit bébé bien sage, docile, sans coliques, patient, souriant... et la liste s'allongeait de soir en soir. C'était un moment de grâce où nous en profitions pour discuter, rire et dédramatiser les évènements de la journée.

Un vendredi, je me rendis à l'hôpital pour passer une échographie de routine. J'étais couchée sur la table et j'attendais que la technicienne commence son examen. Nous étions tous très excités à l'idée de voir ce petit bébé. Marie-Claude était chez mon père, Éric me tenait la main et ma mère, Cédrik dans ses bras, lui expliquait comment on pouvait voir apparaître le bébé à la « télé ».

Pendant l'examen, la technicienne nous demanda si nous voulions connaître le sexe de notre bébé. Cédrik s'est empressé de lui demander un petit frère.

— *Est-ce qu'une petite sœur ferait l'affaire, mon garçon ?*

— *Ah non, je n'en veux pas des sœurs, moi... C'est méchant des petites sœurs...*

J'étais estomaquée. « *Est-ce que j'avais vraiment bien compris...* » **Une fille ?** J'allais avoir une autre fille... Je ne voulais pas le croire. Mon cœur se brisait en morceaux... Éric et ma mère étaient fous de joie tandis que Cédrik et moi étions découragés. J'étais tellement sous le choc que j'entendis à peine le médecin me féliciter et me dire que tout allait bien. Quand ma mère retourna au travail, je me retrouvai avec mes deux hommes dans le stationnement à retenir mes larmes. J'avançais vers la voiture, découragée de la vie et de moi-même. Je ne pensais pas que j'allais réagir ainsi, mais mes pensées se bousculaient dans ma tête « *Pas une autre fille, pas encore, je ne veux pas... Et si elle était comme Marie-Claude ? Ce serait au-dessus de mes forces...* » C'est là que je me rendis compte que même si je combattais toutes les peurs du monde et que je me sentais plus en contrôle, ça ne changeait absolument rien aux comportements de Marie-Claude. Elle adoptait encore ces attitudes étranges et je n'avais pas encore atteint son cœur, ce qui me dérangeait grandement. Être enceinte d'une autre fille ramenait des blessures toujours refoulées et je ne voulais pas revivre tout ça.

La raison prit le dessus, le temps de consoler mon fils qui continuait de bouder pendant le trajet vers la maison de mon père.

— *Il n'y a pas deux enfants pareils mon amour ; je suis donc certaine que cette sœur-là sera différente de Marie-Claude.*

Je savais qu'il passait beaucoup de temps avec elle, mais j'avais toujours eu l'impression que tout se déroulait normalement. Je le fis parler de ses sentiments et des raisons qui le poussaient à ne pas vouloir de petite sœur. Il me parla de diverses situations survenues : les comportements agressifs et soudains, tous les jouets et les dessins qu'elle détruisait.

— *Elle me fait mal, maman...*

Ça me brisait le cœur de l'entendre. J'avais été tellement prise par mes propres émotions que je ne m'étais pas aperçue que mon fils était en train de développer une sorte d'aversion pour sa sœur. Je le consolai du mieux que je pus et lui offris mon oreille attentive. Malgré son jeune âge, il percevait bien des choses et il subissait, lui aussi, les crises de Marie-Claude. Je m'en voulais de ne pas avoir été plus vigilante et lui fis la promesse d'être là pour lui s'il avait besoin d'aide ou s'il voulait tout simplement parler. Nous terminâmes notre discussion sur les qualités et les points forts de Marie-Claude. Elle était si agréable à vivre parfois, et ça faisait du bien de se le rappeler. Cette discussion nous fit du bien. Il était toujours aussi déçu de ne pas avoir de frère, mais au moins il avait pu se libérer de quelques craintes. Je ne voulais surtout pas que Cédrik en vienne à détester sa sœur.

Mon père et sa femme, qu'on surnomme affectueusement Nanny, nous attendaient avec impatience. Nous leur racontâmes le déroulement de l'échographie, mais ils ne semblaient pas tout à fait attentifs. Même s'ils disaient être contents pour nous, je sentais malgré tout une certaine inquiétude.

— *Vous avez déjà les bras pleins avec deux enfants; ce ne sera pas plus facile avec un troisième. Marie-Claude demande beaucoup de surveillance, pensez-vous être capables de vous occuper de tout?*

Plus Nanny parlait, plus je sentais dans sa voix un certain malaise. Je sentais qu'elle voulait me dire quelque chose, mais qu'elle hésitait à le faire. C'est alors que mon regard s'arrêta sur une barrière qui bloquait l'accès à la descente d'escalier. Je trouvai ça bizarre puisque nous n'utilisions plus cette barrière depuis très longtemps.

— *Où est Marie-Claude?*

— *Elle est au sous-sol.*

— *Alors pourquoi cette barrière?*

À voir les regards de mon père et de sa femme, je sus tout de suite que quelque chose s'était passé. Ils se mirent à me raconter comment Marie-Claude s'était soudainement lancée en bas de l'escalier. Il y avait au moins une douzaine de marches et Nanny s'était attendue au pire. Elle s'était précipitée au sous-sol pour venir en aide à Marie-Claude, mais curieusement, celle-ci n'était pas blessée. Ce qu'il y avait de plus étrange, selon leurs dires, c'est qu'elle ne semblait plus la même.

— *On lui parlait et elle riait. Je ne comprends pas ce qui s'est passé, mais quand je lui ai demandé ce qu'elle avait fait, elle est remontée et elle s'est lancée à nouveau du haut de l'escalier.*

Nanny continua de raconter à quel point c'était déroutant de la voir se lancer ainsi dans le vide sans même se rendre compte des blessures qu'elle pouvait s'infliger. Elle me raconta aussi que peu de temps après, Marie-Claude était devenue plus calme et avait demandé un jus. Nanny l'avait installée devant le téléviseur et tout semblait être revenu à la normale. Nanny s'interrogeait encore, mais moi je n'entendais plus rien. C'était beaucoup d'émotions en une seule journée et la pièce semblait tourner sur elle-même. Je devais sortir de la maison et prendre l'air. Éric alla chercher Marie-Claude qui dormait sur le sofa et je remerciai mon père et Nanny pour tout ce qu'ils avaient fait.

Je n'avais pas envie de rentrer à la maison, je voulais être ailleurs, peu importe l'endroit, pourvu que ce soit paisible. Éric prit le chemin de la campagne et nous emmena aux chutes de Plaisance.

Cet endroit est magnifique. On peut marcher dans de beaux sentiers boisés, les chutes sont superbes et la force du courant se fait entendre sur tout le site. Du belvédère, on peut observer les chutes et les rochers s'entremêler dans un splendide paysage. Et quand on marche un peu plus loin, là où le cours d'eau s'apaise, on peut glisser nos pieds dans le sable chaud et sentir l'énergie du soleil, de l'eau, du sable et du vent nous caresser. J'adore cet endroit.

C'était la première fois que nous emmenions les enfants et ils étaient bien impressionnés par ce site. Il y avait des tables de pique-niques, des aires de repos et plein d'espaces verts pour courir et crier à leur guise.

J'étais assise sur la pelouse, en pleine contemplation. Éric vint s'asseoir derrière moi et me prit dans ses bras. Je regardais le cours d'eau et les enfants qui couraient pendant que le soleil chauffait mon visage. J'étais très calme et cette pure énergie me donna le courage de dire tout haut ce que je pensais tout bas depuis longtemps.

Ces mots qui me hantaient et détruisaient ma vie sortirent de ma bouche comme un éclair.

– *Chéri, je crois que Marie-Claude est possédée.*

Ça y est, je l'avais dit. Sept petits mots... seulement sept petits mots, mais tellement difficiles à prononcer. Je retenais mon souffle, car je ne savais pas comment Éric allait réagir. Un peu comme tout le monde, nous avions déjà parlé de phénomènes paranormaux, mais sans vraiment s'y arrêter. Éric n'avait jamais émis de sarcasmes ou de jugements face à ces sujets, mais il n'y adhérait pas pour autant. Étant un homme logique, travaillant en informatique, Éric ne croit qu'à ce qu'il voit et ce qui s'explique scientifiquement.

C'est pourquoi sa réaction me surprit grandement. Au lieu de s'emporter, il me demanda d'où venait une telle allégation.

J'étais tellement soulagée de pouvoir m'exprimer librement que pendant plus d'une heure, je lui expliquai de long en large ce que je percevais. Je lui remémorai la nuit de la naissance de Marie-Claude, le fait que les crises étaient épisodiques, que son comportement changeait de façon subite, les yeux et la voix qui se transformaient, la violence de ses crises et surtout le retour au calme comme si rien ne s'était passé.

– *On dirait que quelqu'un d'autre prend son corps pendant quelques instants.*

Éric m'écoutait attentivement, mais c'était très difficile pour lui. Tout ce qu'il connaissait sur ce sujet était relié aux films « l'Exorciste », « Christine » (l'auto possédée), et tous les autres films d'horreur.

— *La possession, c'est de la fiction, ma chérie, ça n'existe pas dans la vie réelle, ça ne peut pas exister, pas chez nous à Gatineau, ça ne se peut pas... Puis Marie-Claude est loin de ressembler à cette petite fille du film qui tourne sa tête sur elle-même... Penses-tu vraiment ce que tu dis ?*

Je me trouvai absurde et je tentai de chasser cette hypothèse, mais elle persistait.

— *Oui, mon amour je pense ce que je dis.* Je ne sais pas si c'est ça, je ne dis pas que c'est absolument ça... mais je crois que ça vaut la peine de considérer cette possibilité. Tu es le premier à qui j'en parle... J'aurais aimé en parler avant, mais j'avais trop peur du jugement ou de ce que les autres pourraient penser de Marie-Claude. Plus elle grandit, plus ses crises deviennent violentes et difficiles à prévoir. Je ne peux plus garder ça pour moi, ça devient trop lourd. On doit faire quelque chose, Éric, et ce, avant que le bébé arrive.

Pour la première foi, Éric admit que les crises de Marie-Claude avaient quelque chose d'étrange et d'anormal. Ce fut un point tournant dans notre relation, car nous étions d'accord pour trouver ce qui se passait avec notre fille. Il admettait que Marie-Claude avait besoin d'aide, c'était déjà un grand pas. Il m'avait écoutée avec attention et il ne me jugeait pas. Il comprenait ce que je ressentais et il me pria de me confier à lui chaque fois que j'en avais besoin.

— *Je ne veux plus que tu aies peur de me parler, je t'aime et je ne te juge pas. On est sur le même bateau, toi et moi, et c'est ensemble qu'on va trouver des solutions.*

Par contre, il me demanda du temps pour réfléchir. Il respectait mon opinion, mais ne la partageait pas tout à fait. À sa demande, je promis de garder cette conversation pour nous deux seulement.

Même si nous n'avions pas encore de solutions, je progressais tranquillement. J'avais combattu mes peurs avec Marie-Claude. Aujourd'hui, j'avais ouvert mon cœur et laissé tomber mes craintes d'être jugée. Et par-dessus tout, j'avais un allié.

Lorsque je pris Marie-Claude dans mes bras pour dire « bye bye » aux chutes, elle regardait le paysage et je la sentis plus calme. Pour la première fois, je ressentais une énergie différente chez elle. Elle semblait même paisible. J'avais envie de crier ma joie, je sautais et dansais sur place avec Marie dans mes bras. Elle me regardait en souriant tout en ayant l'air de se demander ce qui pouvait bien m'arriver.

Heureuse, je remerciai les chutes et je repartis le cœur plus léger.

Le bonheur ressenti aux chutes ne fut pas de longue durée. À peine un mois plus tard, Marie-Claude subissait une crise épouvantable. Rien ne laissait présager cette crise. Nous avions passé la journée à profiter du soleil. Nous nous étions baignés avec les enfants, nous avions mangé dehors et écouté de la musique. On s'était même prélassés sur le hamac double qu'Éric avait reçu pour la fête des pères pendant que les enfants s'amusaient dans le carré de sable.

Il était environ dix-neuf heures quand l'incident se produisit. Je m'affairais à ranger la maison tout juste avant le rituel du dodo des enfants. Cédrik ramassait les jouets dans la cour. Même s'il jouait plus qu'il ne ramassait, j'aimais bien lui donner une petite tâche de temps en temps. J'étais à la cuisine en train de vider le lave-vaisselle et Éric jouait par terre avec Marie-Claude dans le corridor entre le salon et la cuisine. Ils s'amusaient à faire un casse-tête des «Télétubbies». Elle était encore en costume de bain, bien emmaillotée dans sa serviette et je l'entendais rire et jaser avec son père. J'avais le dos tourné et je mettais les ustensiles dans le tiroir quand je sentis un frisson monter le long de ma colonne vertébrale. Je sentais une présence quelconque et j'étais pétrifiée. Mon cœur battait la chamade et mes mains devinrent moites. Je savais qu'il se passerait quelque chose...

Au moment où j'allais crier le nom d'Éric pour qu'il surveille Marie, je l'entendis crier mon nom. Il était terrifié. Je me retournai et me dirigeai vers eux. Ce que je vis allait au-delà de tout ce que j'aurais pu imaginer. Marie-Claude était couchée en petite boule sur le sol et ses paupières sursautaient. Elle bougeait très très lentement, comme au ralenti, et quand elle nous regarda, l'expression de son visage nous figea sur place. Ces yeux sombres glaçaient le sang. Elle se releva doucement tout en examinant son entourage. Marie-Claude posa son regard sur la cuisine, observant chacun des objets comme si c'était la première fois qu'elle les voyait. C'était effroyable. Tout à coup, elle avança lentement vers son père et le fixa intensément. Paniqué, Éric se mit à crier.

– *Anick, fais quelque chose...*

Je n'ai pas eu le temps d'intervenir que Marie-Claude s'était déjà élancée, frappant Éric au visage. Un seul coup mais d'une telle puissance pour un si petit corps! On ne savait plus quoi faire. Nous avions tellement peur! Tout ça semblait si irréel que nous étions cloués sur place. Comme si nous attendions un geste familier pour nous ramener à la réalité... Ce qui m'a semblé durer une éternité dura en fait quelques secondes, mais soudainement je trouvai le courage d'intervenir. Je la pris dans mes bras et tentai tant bien que mal de monter l'escalier pour l'emmener à sa chambre. Elle se débattait, criait, donnait des coups de pieds et des coups de poings, tout son corps se contorsionnait. C'était très difficile de ne pas l'échapper. Tout ce que je voulais, c'était me rendre en haut sans blessures pour elle et pour moi. J'essayais de tenir ses pieds pour ne pas qu'elle me frappe au ventre, j'avais un bébé à protéger...

Rendue à sa chambre, je me suis assise par terre, le dos au mur. J'étais essoufflée. Elle était entre mes jambes et je la tenais toujours aussi fort. Je répétais sans cesse son nom en lui ordonnant de me regarder. Je parlais toujours plus fort.

— *Marie-Claude, regarde maman, regarde-moi, ma belle, je ne te lâche pas, je suis là et je ne partirai pas... Marie, regarde maman...*

J'ai dû répéter ces phrases pendant un bon cinq minutes. Plus je lui parlais, plus je me sentais en contrôle. Tranquillement, elle commença à éviter mon regard. Je sentais qu'elle allait battre en retraite ; alors j'insistai davantage. Je pris son visage entre mes mains et je la regardai dans les yeux, lui répétant calmement que j'étais là et que je n'abandonnerais pas... Tout doucement, je sentis son corps se détendre sous mes mains, ses muscles se décontractèrent et elle se laissa aller dans mes bras. Elle ferma les yeux et les grognements cédèrent la place à de petits sanglots familiers. Mes larmes se mêlèrent aux siennes et je caressai ses jolis cheveux blonds. Sans même m'en rendre compte, je m'étais mise à fredonner *Ferme tes jolis yeux*. Ma petite fille était revenue...

On resta là un bon moment car lorsque je sortis de sa chambre, après l'avoir bien installée dans son lit, je jetai un coup d'œil à la chambre de Cédrik et il dormait à poings fermés. J'étais épuisée. Je descendis à la cuisine et je cherchai Éric. Je le trouvai dehors, assis sur le patio, une bière à la main. Il était complètement défait. Il faisait noir et tout ce qu'on entendait était le bruit des criquets et des voitures qui passaient à l'occasion. Je me suis assise à ses côtés et ce fut moi qui le pris dans mes bras. Il n'y avait rien à dire, nous savions tous les deux ce qui venait de se passer. Notre silence parlait. Il se mit à pleurer et je restai là... On était tous les deux bouleversés.

Il était passé vingt-deux heures lorsque nous sommes entrés dans la maison. Malgré ma fatigue, je ne me couchai pas tout de suite. Je voulais être seule. Un bon bain chaud me ferait du bien, surtout que j'avais de légères contractions depuis une heure. Je devais me calmer et me changer les idées, ce n'était vraiment pas le temps d'accoucher. Dans le bain, j'avais apporté avec moi un hebdomadaire que j'avais acheté à l'épicerie. Je lisais tranquillement lorsque par hasard je tombai sur un article qui parlait des âmes. Mon attention fut captée. Il y était écrit qu'une femme prétendait pouvoir guérir certains traumatismes, troubles du comportement ou schémas que l'être humain a tendance à reproduire à la suite d'un karma. Il suffisait d'entrer en contact avec l'âme pour régler, souvent pour la vie, et toutes les autres aussi d'ailleurs, des problèmes qui empoisonnent le quotidien. L'article continuait sur les méthodes utilisées et les effets ressentis, mais tout ce que je voyais était «troubles du comportement» et « empoisonner le quotidien ». Ces mots m'interpellaient. Quand je retournai dans ma chambre, ma revue sous le bras, Éric ne dormait pas. Étendue à ses côtés, il mit sa main sur mon ventre et me massa en douceur. Il était songeur et tellement triste.

— J'ai eu peur, Anick, si tu savais... Je ne reconnaissais plus mon bébé... Je ne sais pas comment tu as fait pour la prendre, moi j'étais trop sous le choc... Je te remercie.

– Je ne sais pas ce que c'est ou bien qui c'est... Finalement, peut-être qu'il y a une âme errante dans cette maison, mais je ne suis pas encore prêt à savoir. Ça me fait trop peur... Je préfère te laisser ça si ça se reproduit...

«Si ça se reproduit»... On était là à parler de ce qu'on ferait si une entité prenait à nouveau le corps de ma fille. Est-ce que tout ça se pouvait vraiment? Et si ça existait? Y avait-il vraiment une vie après la mort? Tant de questions sans réponses. À qui raconter ce que nous vivions? Qui croirait ça? Étions-nous les seuls au monde à vivre ça? Et si les films d'horreur étaient inspirés de faits vécus, ça voudrait dire que les crises pouvaient s'aggraver... Marie-Claude était-elle en danger? L'étions-nous également?

Instinctivement, sans regarder l'heure, je composai le numéro de téléphone inscrit au bas de l'article lu dans le bain.

– Bonjour, madame, j'ai besoin d'aide...

L'ouverture spirituelle, juillet 1998

Le mercredi suivant, j'étais en route pour Montréal. Johanne, la dame dont on parlait dans l'article m'attendait. Mon amie Judith avait gentiment accepté de m'accompagner parce que j'ai une phobie de conduire dans les grandes villes et qu'Éric devait travailler et aller chercher les enfants à la garderie.

Pendant tout le trajet, Judith parlait beaucoup et ça faisait bien mon bonheur. Je n'étais pas du tout la partenaire de route idéale. J'écoutais ses histoires d'une seule oreille, mes pensées étaient ailleurs... J'étais habituée de me rendre chez un médecin ou un dentiste, mais là, j'avoue que cette démarche m'angoissait un peu. Je ne connaissais pas grand-chose au monde des âmes et si c'était ce que nous vivions avec notre fille, ce monde n'était pas de tout repos. Judith s'aperçut de mon silence. Elle me demanda ce qui me tracassait et si j'allais enfin lui révéler l'endroit où elle devait me conduire. J'hésitais à lui répondre franchement, car je me rappelais la promesse faite à mon mari lorsque nous étions allés aux chutes. Et si elle me trouvait ridicule ? Je me sentais vraiment coincée, mais en même temps j'en avais assez de jouer la « superwoman ». Il fallait bien admettre qu'on ne vivait pas la vie paisible et idéale que j'avais tant espérée. Je fis donc confiance à cette amitié qui durait depuis longtemps. À quoi bon avoir des amies si on ne se permet pas d'être soi-même et honnête avec elles. Je laissai tomber les masques et je lui racontai ce que nous vivions avec Marie-Claude ainsi que le but de ma rencontre à Montréal. Une fois le choc passé, Judith se mit à raconter quelques anecdotes et je fus agréablement surprise de voir toutes les connaissances qu'elle avait au sujet des âmes et de la vie après la mort. Elle croyait à tout ça et elle avait bien hâte de connaître le déroulement de ma rencontre. Wow! J'avais maintenant deux alliés. Après tout, peut-être que le jugement se passait entre mes deux oreilles. Qui sait? J'aurais bien le temps d'y réfléchir, mais pour le moment, j'étais arrivée et je devais descendre de la voiture. J'étais terriblement nerveuse, et pour me dérider, Judith lança à la blague qu'elle tâcherait de ne pas m'oublier pour le retour.

Les jambes toutes molles, je sonnai à la porte. C'est une belle femme à l'allure sympathique qui m'ouvrit. Elle était calme et elle dégageait une belle énergie. J'étais peut-être un peu naïve, mais j'étais soulagée de voir qu'elle ressemblait au commun des mortels. Elle ne portait pas une grande robe bizarre et elle n'était pas accoutrée de mille et un bijoux. Il n'y avait pas de statuettes ni de boules de cristal partout dans la maison. Il y avait simplement une belle musique de détente et une légère odeur d'encens. J'étais très à l'aise. Elle m'invita à prendre place au salon. Elle se prit un verre d'eau et vint me rejoindre.

Elle commença par me poser quelques questions au sujet de Marie-Claude: sa date de naissance, le déroulement de l'accouchement, puis nous parlâmes longuement des crises qui s'étaient produites au cours de la dernière année.

J'avais de moins en moins de difficulté à discuter du sujet et ça me faisait du bien. Par contre, j'appréhendais le traitement qui s'en venait. Johanne me parla de sa formation, de ses connaissances et de sa démarche avant que je m'étende sur sa table de massage, qui était dans l'autre pièce. Savoir qu'il existait des formations pour ce genre de traitements me rassura davantage. Elle n'était pas une de ces personnes qui exploitent à tort et à travers un don récemment découvert. Ses propos éloquents et sa chaleur humaine me sécurisèrent complètement. Elle prit le temps de m'expliquer que lors du décès, l'âme quitte le corps physique et retourne dans le plan astral pour retrouver sa *famille d'âmes**. Là, des guides l'attendent pour l'accueillir et l'accompagner tout au long d'un cheminement qui l'aidera à prendre conscience de ce qu'elle a accompli dans cette incarnation, et aussi des occasions manquées pour évoluer dans la lumière. La notion du temps étant inexistante dans l'au-delà, l'âme est libre d'évoluer au rythme qui lui convient. À la suite des apprentissages réalisés, un plan est établi pour guider cette âme vers une nouvelle incarnation. L'âme se choisira alors un corps, un sexe, une famille, des amis, un conjoint, des métiers, une condition sociale, économique et diverses situations qui lui permettront de régler ou de s'affranchir de ce qu'elle n'a pu régler dans d'autres vies. À chaque incarnation, l'âme se choisit un contexte où elle va grandir et qui forgera sa personnalité.

Malheureusement, l'ego ou le concept du moi influençant la personnalité, l'individu aura tendance à oublier son âme, à oublier que chaque rencontre, chaque situation heureuse ou difficile offre la possibilité à notre âme de guérir ou d'émettre la lumière divine.

---

* Voir à ce sujet le livre de Marie Lise Labonté, *Les familles d'Âmes*, Éditions Le Dauphin Blanc.

– Donc si je comprends bien, nous sommes à la fois un corps physique qui s'est forgé une personnalité et une âme qui habite les mémoires de nos vies passées.

Son sourire confirma mes propos et elle ajouta que lorsque l'âme habite le corps physique et que la présente incarnation fait vivre des difficultés, nous pouvons travailler sur deux plans. Nous pouvons choisir de travailler sur notre personnalité, par exemple sur des problèmes d'attitudes qui nous attirent des ennuis. Mais il arrive aussi que, malgré tous nos efforts et une belle personnalité, les difficultés persistent. Il faut alors contacter l'âme pour voir s'il y a un karma à régler, le karma étant l'énergie des vies passées que l'âme amène avec elle dans sa présente incarnation. Un traitement au plan énergétique permet ce contact avec l'âme et celle-ci peut révéler d'importantes informations. Au fur et à mesure qu'elle m'expliquait sa théorie, je faisais preuve d'ouverture et j'essayais de transposer le tout au vécu de ma fille. Marie-Claude avait deux ans et deux mois, alors c'était difficile de voir si ses crises provenaient de sa personnalité ou d'un karma à régler. À cet âge, la personnalité est en pleine construction ; alors il est normal que l'enfant teste les limites imposées par l'entourage. Mais ce que nous avions vécu était trop singulier pour se révéler être un cas de personnalité à travailler. Je choisis donc l'option de faire un traitement avec Johanne pour découvrir ce que l'âme de Marie-Claude avait à nous dire.

Nous passâmes dans l'autre pièce et elle m'invita à m'étendre. Elle ferma les rideaux, alluma une chandelle et s'installa sur une chaise à mes côtés. J'avais une couverture sur moi, mais j'étais complètement gelée. Nous allions, dans un premier temps, tenter de revivre ce qui s'était passé à la naissance de ma fille et par la suite, nous demanderions à l'âme de se présenter à nous. Marie-Claude n'avait pas besoin d'être là physiquement puisque nous la contacterions au plan énergétique.

J'étais terriblement nerveuse. Elle me rassura une fois de plus; il n'y avait aucun danger.

– *Tout au long de la séance, je t'accompagnerai, toi et ton âme, à chacune des étapes. Et ne t'inquiète pas, tu es en tout temps reliée au fil d'Ariane. Ce fil permet à ton âme de retrouver le chemin vers ton corps. Merveilleux, non? Il est ton ancrage et le lien entre ton âme et ton corps.*

Je devais tout simplement calmer mon mental, prendre de grandes respirations, me détendre et fermer les yeux. Les premières minutes furent angoissantes, car je ne savais pas ce qui allait se passer. Je nageais en plein inconnu. J'écoutais chacune des consignes de Johanne et, tranquillement, je réussis à me détendre. Tous mes muscles se décontractèrent. À un certain moment donné, je n'arrivais même plus à sentir mon corps... Johanne parlait à voix haute avec ses guides de lumière, mais j'entendais à peine ce qu'elle disait. La sensation de flotter au-dessus de mon corps m'impressionnait trop pour être attentive à ses paroles. J'étais en transe. Tout à coup, il se produisit quelque chose d'extraordinaire. Des images m'apparaissaient et j'éprouvais des sensations contradictoires. Je fus attirée et aspirée dans un espace temps inconnu, jusqu'au moment où je me suis sentie dans la peau d'un petit bébé. J'étais consciente d'être encore sur la table, mais l'impression d'habiter ce corps devenait de plus en plus réelle. J'étais vraiment ce bébé et j'essayais de sortir du ventre de ma mère. Je ressentais vivement chacune des émotions. Je ne me sentais pas bien, j'avais peur et je savais que je devais tout de même sortir. Je me sentais poussée vers l'avant, mais me mouvoir dans cette espèce de petit tunnel qui m'écrasait était très douloureux. Mon corps était compressé et ma gorge me faisait atrocement mal, le souffle me manquait. C'était insupportable, je voulais quitter ce corps et je me sentais faiblir. À un moment donné, un petit passage s'ouvrit et une lumière m'aveugla. Tout le reste se passa très vite. Je me suis sentie projetée hors du corps de ma mère, j'avais froid, j'avais peur et la sensation d'être coincée dans ce corps de bébé me faisait paniquer. Je hurlais, je voulais sortir de là, mais on ne me comprenait pas, il n'y avait que des pleurs qui sortaient de ma bouche. Je cherchais à me faire comprendre et c'est là que j'aperçus Éric! J'étais sous le choc. Je compris soudainement que je venais de ressentir ce que Marie-Claude avait vécu à sa naissance. Une émotion intense noua ma gorge et je me mis à pleurer. Pauvre petite chérie! Elle ne voulait pas revenir sur Terre... Elle avait peur, elle avait mal et nous on ne comprenait rien de ce qu'elle vivait. Comme elle a dû se sentir seule... J'étais abasourdie. Ma conception de la naissance venait d'en prendre tout un coup: un nouveau-né pouvait arriver avec des émotions, des peurs et des angoisses! Il arrivait avec ses souvenirs, ses joies, ses craintes et ses buts. Je me sentais tellement coupable de ne pas avoir vu plus loin que notre propre bonheur d'avoir une fille! Ma fille avait une âme, et on l'avait oubliée... J'avais juste le goût d'être avec elle et de lui dire que je comprenais tout maintenant. Johanne me rappela à l'ordre en me disant que la culpabilité ne mènerait à rien. Que d'en être consciente était déjà un premier pas vers la guérison. Johanne me demanda si j'étais prête pour la deuxième étape: rencontrer l'âme de Marie-Claude. Cette rencontre apporterait d'autres réponses. J'étais fatiguée; normalement, on aurait pris un autre rendez-vous, mais la distance étant un obstacle, je décidai de poursuivre le traitement. Quelques minutes plus tard, nous replongions dans un état de détente. À nouveau, je ne sentais plus mon corps et j'étais dans un état de bien-être total. Je flottais au-dessus de la pièce et j'entendis Johanne demander à l'âme qui habitait le corps de Marie-Claude de venir à notre rencontre. De longues minutes passèrent avant que je commence à ressentir une présence dans la pièce. Je la sentais arriver derrière moi et je fus prise d'un malaise inexplicable. Je me suis sentie tourner sur moi-même comme si j'étais projetée dans un tourbillon. La pièce fut remplie d'une noirceur indescriptible. Mon corps et mon âme tremblaient de peur, et quand je vis ces yeux apparaître devant moi, je poussai un cri de terreur. C'était ces yeux que je voyais de temps en temps, mais en plus gros et tellement plus terrifiants. Je criai tellement fort qu'en une seconde à peine, j'étais revenue dans mon corps. Mon rythme cardiaque s'était accéléré et des gouttes de sueur perlaient sur mon front.

– *Mon Dieu, Johanne, ça ne peut pas être l'âme de ma fille... C'est épouvantable... Ça ne se peut pas... Dis-moi que ce n'est pas vrai...*

J'étais ahurie et je voulais des réponses. Johanne alla me chercher un verre d'eau et me demanda de prendre de grandes respirations.

– *Si tu ne te calmes pas, tu vas accoucher ici, alors respire un grand coup.*

Elle m'expliqua que le fait de subir deux traitements un à la suite de l'autre n'était peut-être pas une bonne idée. Qu'il arrive aussi que nous pensions être prêt pour une guérison, mais que notre âme a d'autres projets pour nous. Il faut accepter que la rencontre ne se soit pas produite comme je l'avais espéré et qu'en temps voulu, j'aurai mes réponses. Elle m'assura qu'un processus de guérison au plan astral était entamé et que je devais lâcher prise. L'univers travaillerait

pour nous. Elle m'invita également à ne plus refaire de traitement de ce genre avant la naissance de mon bébé. Je devais
garder mes forces pour cette autre petite fille qui s'en venait et
surtout, prendre le temps de la visualiser dans la lumière. Je
devais garder en mémoire que l'âme de mon bébé venait nous
visiter et que je devais, le temps de ma grossesse, éviter le plus
possible de l'impliquer dans des interventions au plan énergétique qui ne lui appartenaient pas.

Quand je suis sortie de chez elle, j'eus l'impression d'y
être restée pendant des années. Un monde m'était apparu, et
le fait de me retrouver sur le trottoir à attendre Judith me
sembla irréel. Sur le chemin du retour, j'étais plutôt songeuse.
Ça faisait beaucoup d'informations à assimiler. J'avais mal au
ventre et j'étais exténuée. Je pris donc la décision d'écouter
Johanne. J'avais un bébé à mener à terme et je devais revenir
à un monde plus terre à terre pour quelque temps. Retourner
chez moi et continuer une vie normale était ce dont j'avais
besoin.

Ce soir-là, au lit, après avoir raconté le tout à Éric, je me
suis couchée en petite boule au creux de ses bras. J'étais
épuisée et pensive... Je sentais sa respiration dans mon cou et
la chaleur de son corps. Il me quittait déjà pour un long et
doux sommeil...

– *Chéri...*

– *Hum ?*

– *Ariane, comme prénom, tu aimes ça ?*

– *Ouais, c'est joli...*

– *Je sais...*

– *Ce sera Ariane, alors... Bonne nuit mon amour, bonne
nuit, mon ange...*

Une main sur mon ventre je nous enveloppai de lumière et je m'endormis profondément.

Les mois qui suivirent cette rencontre furent plus axés sur ma grossesse que sur les phénomènes paranormaux. Les émotions, le stress et l'inquiétude avaient un peu hypothéqué ma grossesse. Je souffrais de ce qu'on appelle «l'utérus irritable». Le moindre effort physique pouvait déclencher le travail à tout moment et provoquer un accouchement prématuré. Je devais donc demeurer le plus souvent possible couchée ou assise, les jambes surélevées. Ce repos forcé était loin de me faire plaisir. Étant une femme d'action, je trouvais difficile de ne rien faire et d'être dans l'attente. Néanmoins, avec le recul, je m'aperçois que ce mal nécessaire m'a permis de mettre à terme un beau bébé en santé et surtout il m'a permis d'assimiler ce que j'avais appris. Une autre dimension s'était ouverte à moi, et malgré ma fascination pour la lumière, la réincarnation et les âmes, c'était une nouvelle façon de voir la vie qui me bouleversait. Ma façon de vivre jusqu'à aujourd'hui n'avait pas soulevé de grands questionnements. Je vivais tout simplement. Je répondais aux critères d'une société de plus en plus performante, je faisais ce qu'on attendait de moi et c'était bien ainsi. Je n'étais pas malheureuse, au contraire, j'étais très valorisée et ça me sécurisait. Mais voilà que j'avais atteint mes buts: un métier reconnu, une belle famille, j'avais mis au monde un garçon et une fille, une autre fille était en route, j'habitais une belle maison et mon mariage était solide. Quelle était la suite? Qu'est-ce qu'on attendait de moi? Qu'est-ce que j'attendais de moi-même? Je ressentais un grand vide à l'intérieur et je me demandais maintenant ce que mon âme attendait de moi. Et si tout ça était vrai et que j'avais une mission? Qui étais-je, en réalité, Anick ou une âme en évolution? Sûrement les deux... Toutes ces remises en question étaient omniprésentes dans ma tête, d'autant plus que j'allais bientôt donner naissance. Allais-je accueillir un corps et une personnalité en devenir ou une âme remplie de souvenirs? J'étais confrontée et je n'arrivais pas à me positionner. Une journée, j'entourais mon bébé de lumière et je parlais à son âme, et l'autre journée, je me trouvais complètement ridicule de parler toute seule. Je m'occupais alors à des activités plus conventionnelles. Par contre, je n'arrivais jamais à chasser totalement de mon esprit ce que j'avais appris. Le manque de preuves et le scepticisme créaient chez moi un certain blocage mais au-delà de ça, il m'arrivait de sentir en moi quelque chose vibrer et s'éveiller. Il y avait un petit quelque chose plus fort que tout qui me disait que c'était peut-être là que je trouverais un sens à ma vie. Quoi qu'il en soit, je ne pouvais me permettre cette croisade à ce stade-ci; alors je fis tout ce qu'une bonne maman doit faire pour son bébé. Je m'alimentais bien, je me reposais, je lisais beaucoup et je jouais à des jeux calmes avec mes deux autres enfants.

Avec le temps, je m'aperçus que je percevais Marie-Claude différemment. Le fait de revivre sa naissance semblait m'avoir rapprochée d'elle. Quand je la serrais dans mes bras, je repensais à ce qu'elle avait vécu et ça me donnait l'impression de me connecter à son cœur. Ça me faisait du bien.

Mis à part cette nouvelle empathie que j'éprouvais pour Marie-Claude, il n'y avait pas eu de grands changements. Les crises venaient et repartaient tout comme avant. Par contre, elle grandissait et son langage se développait, ce qui amena des éléments nouveaux à ses crises. Une journée, en fin d'après-midi, j'étais au salon à regarder la télévision quand j'entendis un vacarme provenant d'en haut. Je montai tranquillement et je me dirigeai machinalement vers la chambre de Marie-Claude. J'ouvris sa porte et je constatai tout un fouillis. Les meubles étaient tombés, les tiroirs vidés et elle

74

déchirait des dessins. Des vêtements recouvraient le plancher et des marques de crayons feutres barbouillaient le mur de son garde-robe. Je m'attendais à une confrontation terrible, mais ce qui se produisit me surprit vraiment. Elle me regarda et dit tout haut: «*Ce n'est pas moi maman*». Elle n'avait pas ses yeux sombres ni sa voix d'outre-tombe. Elle était tout à fait normale et calme. Un décor comme celui-ci résultait habituellement d'une de ses crises, alors qu'est-ce qui pouvait bien être à l'origine de cette pagaille? J'entrai tout doucement et je me suis assise par terre à côté d'elle. Intriguée, je lui demandai ce qui s'était passé.

 — *C'est pas moi, maman, c'est lui...*

Et elle pointa du doigt le garde-robe qui était à sa gauche.

 — *C'est le garde-robe qui a fait ça?...*

 — *Nooon maman, c'est Axime, mais y veut pas que te l'dise à toi.*

Elle entra alors en grande conversation avec «Axime» et tout ce que j'entendais, c'était des «*noon, veux pas, pas moi, c'est toi...*» Elle faisait complètement abstraction de ma présence. Moi qui m'attendais à une crise, voilà qu'elle discutait ouvertement avec quelqu'un que je ne voyais pas.

Au lieu d'être apeurée, j'étais presque soulagée. J'avais vu pire et cette petite conversation était loin de me décontenancer; la curiosité me gagna.

 — *Marie-Claude, qui est avec toi?*

 — *C'est Axime avèc son ami.*

 — (En plus, il y en avait deux!) *Est-ce qu'ils sont gentils, tes amis?*

 — *Lui, il est gentil, mais pas Axime...*

– *Bon, là tu vas dire à Axime que je ne veux plus qu'il vienne te voir et tu lui dis de partir maintenant.*

– *Ok... Axime va-t'en... Ma maman veut pas que tu sois ici...*

Au bout de quelques secondes, elle me dit – *pati... pi là, j'ai pu d'amis...*

Je lui fis un beau sourire et d'un air taquin, avec ma grosse voix de loup, je lui répondis que je n'étais pas n'importe qui et qu'une fois que je l'aurais attrapée, on avait du pain sur la planche pour remettre sa chambre en bon état.

Ce qui aurait pu être un évènement tragique était plutôt une victoire. C'était le désordre dans sa chambre, ma fille voyait des amis imaginaires ou des âmes errantes, ils n'étaient pas gentils, mais ils n'avaient pas pris son corps. Ma fille était restée elle-même... J'étais folle de joie !

J'étais tellement excitée au moment de tout raconter à Éric que j'en oubliais des mots. Je parlais vite et je sautillais sur place. Nous avions évité une crise...

Éric partageait ma joie, mais en homme rationnel qu'il est, il me demanda ce que je croyais vraiment. Honnêtement, je n'en avais aucune idée. Les enfants en bas âge ont souvent des amis imaginaires, alors il était bien possible qu'il en ait été ainsi pour Marie-Claude. Mais imaginaires ou pas, elle les avait fait partir et c'est ce qui comptait.

C'est un autre incident qui apporta la réponse à notre question. Un peu plus tard, à l'automne, Éric et moi étions à la cuisine en train de préparer le souper. Marie-Claude était seule au salon en train de dessiner et Cédrik était au sous-sol à jouer au Nintendo. Marie-Claude semblait converser avec quelqu'un ; alors nous nous sommes dirigés vers le salon.

Effectivement, même si nous ne voyions rien, elle dessinait et à l'occasion elle soulevait la tête et regardait droit devant elle pour continuer la discussion. Éric me regarda éberlué. Marie-Claude éprouvait quelques difficultés de prononciation, alors il n'était pas toujours facile de comprendre tout ce qu'elle disait. Amusée, je fis un clin d'œil à mon mari et j'allai m'asseoir sur le sofa. Éric nous observait.

– *Qu'est-ce que tu fais, ma chérie ?*

– *A dessine...*

– *Tu fais de beaux dessins, mon amour... Mais avec qui parles-tu ?*

– *En papa io*

Mon cœur fit quatre tours et mes jambes devinrent molles. Était-ce vraiment possible ? Pouvait-elle le voir et discuter avec lui ?

– *Je n'ai pas bien compris, ma puce... avec qui parles-tu ?*

– *EN PAPA ILIO, te dis...*

J'étais sous le choc. Marie-Claude discutait avec mon grand-père. Elle ne l'avait pourtant jamais connu. Il était mort avant même ma rencontre avec Éric. Grand-papa Sylvio avait été un bon grand-père. Il ne parlait pas beaucoup, mais il nous écoutait. Il avait très peu de cheveux, mais étant enfants, ma sœur et moi pouvions passer une heure à le peigner. Il se laissait faire et je crois même qu'il aimait ça. Il avait travaillé dur toute sa vie, et très peu de temps après sa retraite, un cancer des poumons l'avait emporté. Il avait laissé ses enfants, sa famille et ma grand-mère, que j'adorais, dans le deuil. Grand-maman était allée le rejoindre trois ans plus tard. J'étais émue et j'avais les larmes aux yeux. Éric était venu s'asseoir près de moi et il me prit la main. Il savait à quel

point j'avais aimé mes grands-parents et combien ils me man-
quaient.

Cette fois-là, je ne demandai pas à Marie-Claude de le
faire partir. Je lui donnai un bec sur le front et je la laissai dessiner. Je la savais entre bonnes mains.

À partir de ce moment-là, il n'y eut plus de doutes dans
mon esprit. Les âmes existaient. Marie-Claude n'avait jamais
vu mon grand-père, il n'y avait pas de photos de lui sur les
murs de la maison, et je ne me souvenais pas d'avoir parlé de
mes grands-parents devant elle. Elle ne pouvait avoir accès à
cette information que s'il était vraiment avec elle. Cet incident
m'apporta un peu de réconfort. Ma fille avait le pouvoir de
voir des âmes errantes, mais elle n'avait pas accès unique-
ment aux «méchants». Les bons pouvaient l'accompagner
aussi. C'était déjà ça...

À partir de ce jour, ma foi dans le monde astral s'ac-
centua et je voulus en connaître davantage. C'est dans cet
état d'esprit que je me rendis à une nouvelle boutique ésoté-
rique qui venait d'ouvrir, *L'Essence Ciel*. Cette boutique, qui
s'étalait sur deux étages, était remplie d'objets et de livres plus
intéressants les uns que les autres. Il y avait des bougies, différents encens qui favorisent le bien-être, de la musique de
détente, des cassettes de méditation, des médaillons. Il y
avait également des pierres précieuses, des totems et des
anges à profusion (qu'ils soient petits ou plus grands, en
pierre ou céramique, il y en avait pour tous les goûts). L'é-
nergie de cette boutique m'enveloppait totalement et j'aurais
pu y rester des heures durant. Je regardais les livres devant
moi et mon attention se porta sur un en particulier: *Les neuf
marches**. Ce livre racontait l'histoire d'une âme qui allait s'incarner; il expliquait tout le processus qu'elle devait réaliser

---

* Anne et Daniel Meurois-Givaudan, *Les neuf marches: histoire de naître et de
renaître*, Éditions Amrita, 1991.

avant la naissance. Je pris ce livre, fermai les yeux et je le déposai sur mon cœur. Je devais acheter ce livre.

– *Vous portez un ange, madame...*

– *Pardon ?* Une dame que je ne connaissais pas était à mes côtés et me sortit de ma rêverie.

– *Le bébé, là... je vois son aura et elle est magnifique...*

– *Ah bon ! Mais que voyez-vous au juste ? Comment faites-vous ?*

– *C'est là, c'est tout. Je vois depuis toujours et je vous dis que ce bébé apportera la paix dans votre maison. Soyez sans crainte, vous portez un ange.*

La dame ne m'en dit pas plus, mais ce n'était pas nécessaire. C'était une rencontre un peu spéciale, mais je ne croyais plus au hasard. Je remerciai le ciel et je me surpris à penser que cette dame était elle-même un ange venu me rassurer. Je mis ma main sur mon ventre, esquissai un sourire et le livre en main, je m'empressai de rentrer à la maison. Il restait un mois à peine pour préparer l'arrivée d'Ariane ...et celle de son âme.

Le 16 novembre 1998, je donnai naissance à une belle fille de neuf livres et dix onces. Comme à l'habitude, mon père et ma mère étaient là pour voir arriver leur nouvelle petite-fille. Ma sœur, qui était revenue habiter la région, était également des nôtres. Le médecin avait crevé mes eaux vers neuf heures trente le matin et Ariane faisait son entrée en ce bas monde à dix-huit heures quinze. Je me rappelle avoir été anxieuse lors de la poussée. Les souvenirs du dernier accouchement refaisaient surface et ravivaient mes craintes. Mais je les ai vite chassées pour me concentrer sur ce petit bébé qui poussait également. Comme c'était indiqué dans le livre *Les neuf marches*, j'avais parlé tous les jours à cette âme qui s'incarnait et je la visualisais dans la lumière. D'après ce livre, elle était avec nous dans la pièce. Elle pouvait nous voir et nous entendre. Elle attendait le moment propice pour intégrer le corps physique, qu'elle avait visité à plusieurs reprises au cours de la grossesse, pour finalement faire son entrée parmi nous. Je faisais confiance aux guides qui l'accompagnaient, et l'encourageaient dans cette étape qu'est la naissance.

Je concentrai mon attention sur elle et je lui parlai mentalement. Je lui dis comprendre qu'elle pouvait éprouver quelques inquiétudes à revenir sur Terre. Que ce n'était pas toujours l'harmonie dans notre maison, mais qu'elle avait choisi un père et une mère qui feraient tout leur possible pour lui faciliter son passage parmi nous. Je l'acceptais avec ses forces et ses faiblesses, son énergie et ses souvenirs. Ma vision de la naissance n'était plus la même, je ne voyais plus en elle qu'un simple bébé, mais une partenaire de vie avec qui évoluer.

J'avais ouvert mon esprit à la spiritualité, mais mon sens de l'humour me poussa à lui demander de se dépêcher, car j'avais beau être compréhensive, j'habitais tout de même un corps physique pas très tolérant à la douleur...

Le grand moment arriva et sa tête sortit du col; je hurlai de douleur. Mais le reste du corps sortit très rapidement et on la déposa enfin sur mon ventre. Je mis mes bras sur son petit dos, contente que tout soit terminé. Elle était à plat ventre sur moi et je ne la voyais pas bien. Quand je la pris dans mes bras pour la rapprocher, elle était complètement inerte. Je me suis tout de suite affolée.

— *Éric, elle ne bouge pas... Regarde, elle ne bouge pas...*

Très rapidement, le médecin prit Ariane et l'examina. Mais heureusement, quelques secondes plus tard, elle reprit conscience. On m'expliqua qu'elle était sortie trop rapidement et qu'elle avait subi un choc post-natal. Elle avait seulement perdu connaissance ; donc il n'y avait pas de quoi s'inquiéter. De mon lit, je l'entendis pleurer et avec elle, je pleurai de soulagement. L'infirmière l'enveloppa dans une couverture et me l'apporta à nouveau. Éric était à mes côtés et il flattait mes cheveux. Quand on me la remit, elle avait les yeux grands ouverts et elle laissait échapper quelques sanglots. Elle était magnifique ! Je l'embrassai sur le front et un courant passa entre nous. Je fermai mes yeux pour m'en imprégner. Tout irait bien, je le savais.

Mon séjour à l'hôpital se déroula à merveille. Ariane était d'un calme extraordinaire. Elle dégageait ce petit quelque chose de particulier qui la rendait irrésistible. Elle avait un pouvoir magnétique extraordinaire. Les gens venaient me visiter, et après l'avoir cajolée quelques instants, ils se sentaient ravigotés. À elle seule, à peine âgée de trois jours, elle nous donnait plein d'énergie. J'anticipais mon retour à la maison, car ce séjour à l'hôpital, où je cohabitais avec Ariane, m'avait apporté une paix indescriptible. Avec mon fils, j'avais connu une joie immense, et avec Ariane je respirais la vie. Il me restait Marie-Claude et je ne pouvais me résoudre à ne pas vivre avec elle un sentiment de plénitude. J'espérais de tout cœur que tout entrerait dans l'ordre à mon retour.

Dans les semaines qui suivirent, j'étais aux aguets. Entre deux changements de couches, je surveillais les conversations solos de Marie-Claude et je la cajolais le plus souvent possible pour éviter qu'une crise apparaisse. J'avais beau la visualiser dans la lumière et faire confiance à l'univers tout comme Johanne me l'avait recommandé, les changements ne semblaient pas s'opérer. Elle continuait de voir des entités, elle écoutait de moins en moins les consignes et elle était très agitée. À deux reprises, elle fit une crise épouvantable où je dus la maîtriser et confronter ce qui l'habitait. J'étais désespérée de ne voir aucune amélioration et ce sentiment atteignit son apogée un soir de février.

Cédrik et Marie-Claude jouaient à la balle au sous-sol et je supervisais le jeu tout en tenant Ariane dans mes bras. C'était une petite balle dure que Cédrik utilisait pour jouer au baseball. Comme nous étions dans la maison, il était interdit de la lancer. Les enfants devaient la rouler et la faire parvenir entre les jambes de l'autre. Marie-Claude avait beaucoup de difficulté à se contenir.

Elle voulait absolument la lancer. Je lui rappelais constamment de la rouler tout doucement. La tension était assez élevée; alors ce qui se produisit était plutôt inévitable. Marie-Claude entra dans une colère terrible et la colère céda la place à une personnalité méchante et despotique. Elle prit la balle entre ses mains, s'approcha de Cédrik et lui donna violemment quelques coups à la tête. Aussi rapidement que je le pus, je déposai Ariane sur le sol et j'agrippai Marie. Elle se débattait et tentait de me frapper. Je réussis à lui enlever la balle et à la maîtriser. Je la tenais tout contre moi en l'appelant par son prénom. Cédrik pleurait, Ariane pleurait et j'étais assise par terre, ma fille entre les jambes. Je regardais ce spectacle désolant tout en répétant à voix haute « *Maman est là... Regarde-moi dans les yeux Marie... Reviens avec nous, Marie... S'il te plaît... Reviens avec nous.* »

Ça ne pouvait plus continuer comme ça. Johanne m'avait dit que l'univers travaillerait pour nous, mais il semblait avoir oublié notre adresse. J'avais espéré un miracle, mais je n'y croyais plus. Amère, je mis la revue contenant les coordonnées de Johanne à la poubelle. Le lendemain matin, ma mère vint s'occuper d'Ariane et je me rendis à la clinique médicale. Je n'avais pas de rendez-vous, mais je savais que mon médecin y était. J'attendrais toute la journée, s'il le fallait, j'étais décidée, ma fille serait vue par un médecin.

Le recours à la médecine
traditionnelle

J'étais assise dans la salle d'attente et je regardais ma fille qui était par terre. Elle vidait systématiquement le coffre à jouets sans vraiment s'arrêter pour observer ou s'amuser avec l'un d'eux. Elle était relativement calme, ce mot ayant été redéfini chez moi par « rythme d'activités modéré sans apparence de crises », et j'espérais que ça demeure ainsi. Autour de moi, à l'occasion, des regards se croisaient et un léger sourire était échangé. En regardant ces gens, je m'amusais à deviner les raisons pour lesquelles ils étaient ici. Était-ce un mal de dos ? Une fatigue chronique ? Ou un problème bizarre et anormal qui gâchait leur existence ? Je me complaisais dans ces divers scénarios et je commençais à me dire qu'ils devaient faire de même à notre sujet. À leurs yeux, je devais être la maman bonasse, n'appliquant aucune discipline... Marie-Claude éparpillait les jouets, passait en dessous des chaises des patients, déchirait les revues qui tombaient sous sa main et je n'osais rien dire ; je ne pouvais intervenir constamment. L'attente était longue, il n'y avait pas beaucoup d'espace, et dans ces conditions, la contrarier pourrait provoquer une crise. Je me sentais jugée. J'étais mal à l'aise.

Une petite fille à l'air fiévreux attira mon regard. Elle était couchée sur sa maman et elle semblait apprécier le réconfort de celle-ci. Mélancolique, je souris à la dame... J'aurais voulu lui dire combien je l'enviais de pouvoir profiter de ce petit bonheur. Étant toujours sur mes gardes, ma relation avec Marie-Claude était bien particulière, et je me demandais douloureusement parfois si je l'aimais... J'aurais tant voulu être assise là, ma fille blottie tout contre moi parce qu'elle aurait une grippe ou une otite, mais la réalité était tout autre.

Après deux heures trente d'attente, on passa enfin dans le cabinet du médecin. Marie-Claude commençait à être fatiguée et elle démontrait des signes d'impatience. Nous étions confinées dans une toute petite pièce, le docteur tardait à venir et le sac que je traîne toujours avec moi pour les « urgences Marie-Claude » se vidait rapidement : elle avait bu un jus, mangé les raisins, joué à la poupée et détruit les crayons de cire que j'avais apportés. Il ne restait qu'un livre d'histoires, mais après tout ce temps sans bouger à sa guise, ce n'était pas tellement approprié. Ce fut donc un soulagement de voir le médecin entrer et refermer la porte derrière lui. Il dit bonjour à Marie-Claude, lui demandant de ne pas toucher aux instruments, et il s'installa sur son tabouret.

Au début de la rencontre, j'étais mal à l'aise. Je n'arrivais pas à exprimer avec exactitude ce que je voulais dire. Il me fallait admettre que j'étais là parce que ma fille démontrait des troubles du comportement. J'étais nerveuse et ma voix tremblait. J'avais peur qu'il ne puisse m'aider ou qu'il pense que je n'étais pas une bonne mère. Pourtant, ce docteur était bien gentil. Il était grand, grisonnant, et son allure sympathique m'inspirait confiance. Je me répétais mentalement que j'étais là pour ma fille et que je devais tout faire pour l'aider, à commencer par parler franchement à ce médecin. Courageusement, je lui racontai le tout, mais la conversation était souvent entrecoupée d'interventions auprès de Marie-Claude. Elle grimpait partout, touchait aux instruments sur le comptoir et déchirait le papier blanc qui recouvrait le lit. Au bout de quelques instants, le médecin me dit tout bonnement qu'il était convaincu que Marie-Claude souffrait d'hyperactivité. Elle bougeait tellement que pour lui le diagnostic était évident. Je me doutais qu'elle était hyperactive, mais ce n'était pas la raison de ma consultation. J'essayai de lui relater les moments où ses yeux et sa voix changeaient, ses assauts soudains de violence et d'agressivité. Je lui dis que ces crises étaient suivies d'une période de calme et parfois même de sommeil avant un retour à la normale. Malgré mes propos, il me coupa la parole pour m'expliquer tous les symptômes de l'hyperactivité. J'admettais que ma fille pouvait être hyperactive, mais j'étais là parce que je savais qu'il y avait plus que ça.

— *Je suis enseignante, je connais l'hyperactivité et je connais ma fille. Elle est sûrement hyperactive, mais il y a autre chose...*

Il y avait un tel vacarme avec tout ce papier que Marie-Claude déchirait, et moi qui essayais de me faire comprendre. La tension était palpable et je ne savais pas si je devais persister. C'est alors que Marie-Claude s'arrêta brusquement. Elle regarda le médecin, qui avait posé une main sur son bras. Elle était effroyablement calme et elle lui donna un violent un coup de poing sur le bras.

— *Pas toucher Tatow...*

Elle avait une voix rauque et grave, le visage tendu et le regard vide et froid. Ce n'était plus ma fille. Avant qu'elle ait pu faire quoi que ce soit d'autre, je l'avais déjà prise dans mes bras. Je me suis assise par terre, mes jambes soutenant son dos et mes mains tenant son visage. Elle grommelait et tentait de se libérer. J'étais habituée à ce genre de scène et je n'avais plus peur, mais j'éprouvais une telle tristesse de la voir se contorsionner ainsi. Au bout de quelques minutes, elle cessa de se débattre et se laissa aller dans mes bras. Elle déposa sa tête sur mon épaule, encore agitée par quelques soubresauts. Je lui caressai les cheveux et regardai le médecin. Il était abasourdi et sans voix.

Tout doucement il s'approcha de moi et déclara qu'on venait d'assister à un dédoublement de la personnalité.

Il m'expliqua que ce phénomène se définit par la coexistence de deux ou plusieurs personnalités distinctes dans un même corps physique. Ce type de trouble s'installe dès l'enfance et dans soixante à quatre-vingt-dix pour cent des cas, il s'agit de filles. Étant en bas âge, Marie-Claude pouvait avoir deux personnalités, mais pas plus. En vieillissant, il n'était pas impossible qu'il y en ait d'autres. Il continuait de parler de ce trouble et il semblait connaître le sujet, mais pour moi, Marie-Claude n'était pas un phénomène. C'était de ma fille dont on parlait et ce que j'entendais me faisait mal. J'avais le cœur en lambeaux et ma gorge était tellement nouée que j'avais de la difficulté à avaler. Moi qui avais tant espéré un diagnostic, maintenant que je l'avais, je n'en voulais plus. Nier tout ça et rentrer à la maison, oublier, oublier... oublier... voilà ce que je voulais.

Le médecin remplissait des formulaires et moi je pensais aux bons moments de Marie-Claude. La réalité me rattrapa quand il me remit une demande de consultation. J'ai lu *Hôpital Pierre-Janet* et mes yeux se sont embués de larmes : ma fille allait être suivie à l'institut psychiatrique de la région.

Les jours qui suivirent furent particulièrement difficiles. Le nom de ma fille était sur la liste d'attente de l'hôpital psychiatrique et je n'aurais pas de rendez-vous avant plusieurs semaines. Attendre était insupportable. Selon le médecin, Marie-Claude avait deux personnalités : l'une était hyperactive et l'autre d'une violence inouïe. Elle était prise d'un mal qu'elle ne pouvait contrôler et sa vie était hypothéquée. Sa vie, la mienne... toute la famille souffrait. J'avais tellement mal en dedans et je n'arrivais pas à hurler ma peine... J'étais anéantie ; je ne pouvais me résoudre à accepter ces présomptions. J'expliquai à mes proches que Marie-Claude souffrait peut-être d'hyperactivité, mais je tus l'existence de l'autre personnalité. Seul Éric savait tout. Il était aussi triste que moi et il en parlait très peu. Il voulait attendre le diagnostic officiel des spécialistes, disant que d'imaginer le pire n'aidait en rien. J'enviais son calme et sa sagesse, mais pour moi, ne rien faire était impensable. Je passais tout mon temps libre à faire de la recherche sur les troubles de la personnalité. À l'aide d'Internet, je pus trouver diverses informations sur les pathologies, les termes psychologiques et leurs définitions. « Troubles du sommeil, repli sur soi, détérioration des relations... regard fixe, regard vide, hostilité... schizophrénie, trouble de personnalité, personnalité psychotique et plusieurs autres... » Ces mots me bouleversaient encore davantage en s'entremêlant dans mon esprit.

Pour me changer les idées, Éric eut la brillante idée de décorer la chambre des enfants. À la naissance d'Ariane, celle-ci avait pris la chambre de Marie-Claude. Elle était petite, toute rose et parfaite pour un bébé naissant. Marie-Claude avait alors rejoint Cédrik dans la grande chambre. Nous avions acheté des lits superposés et les enfants se faisaient une joie de partager le même environnement. La chambre avait des allures de petit garçon et il était grand temps de la transformer pour que Marie-Claude s'y plaise aussi. Pendant trois jours, Éric et moi avons sablé, peinturé et posé du papier peint. Des nouvelles douillettes couvraient leur lit, des cadres et des photos habillaient les murs. La chambre était magnifique. Elle était rouge et jaune, décorée de petits animaux et des lettres de l'alphabet. Nous avions travaillé très fort et n'avions pas regardé à la dépense, et l'émerveillement des enfants me faisait oublier la fatigue et la culpabilité d'avoir dépassé le budget prévu. L'expression sur leur visage valait mille mots. Cédrik passait son temps à nous remercier et Marie-Claude imitant son frère, faisait de même. Vers vingt heures trente, les enfants euphoriques, tardaient à trouver sommeil. De mon côté, complètement à plat, j'entendais les enfants s'exciter mais je ne pus résister davantage et je sombrai dans un profond sommeil.

Le lendemain matin, Cédrik me réveilla et il n'avait pas l'air content.

– *Viens voir ce que Marie a fait.*

Encore somnolente, je me levai de peine et de misère et je suivis mon fils jusqu'à sa chambre. Stupéfaite, je constatai les dégâts. Des bouts de tapisserie jonchaient le sol, et des marques de crayons feutres barbouillaient le mur adjacent au lit de Marie-Claude. J'étais blessée au plus profond de mon âme et ça me brisait le cœur de voir la peine dans les yeux de Cédrik. Il sermonnait sa sœur, mais elle répétait sans cesse que ce n'était pas elle. Cette négation le rendait encore plus furieux. En retrait dans sa chambre, j'ordonnai à Marie de tout ramasser. J'étais vraiment furieuse. Quoi que je fasse, j'avais l'impression que ça n'aboutissait à rien. Une joie ne pouvait durer dans cette maison sans qu'elle soit assombrie par les méfaits de Marie-Claude. Le médecin avait dit qu'elle n'avait pas conscience de ses actes lorsque l'autre personnalité se révélait, mais nous, nous étions conscients de ce que nous subissions... C'était insupportable.

« Pénible » est le mot qui me vient à l'esprit pour décrire les journées qui suivirent. J'étais fatiguée, déprimée, et mon corps ne suivait plus. J'étais terrassée par un affreux mal de jambes. J'ai donc pris rendez-vous avec Marielle Dallaire, mon ostéopathe ; j'avais besoin d'un traitement. J'avais mal aux jambes depuis ma plus tendre enfance et malgré tous les examens, on n'avait rien décelé. Pourtant, la douleur était si intense qu'il m'arrivait d'être clouée au lit. En dernier recours, après plus de dix ans de recherche, mon docteur m'avait référée en ostéopathie. Marielle m'était alors apparue comme un ange. Elle avait découvert des vaisseaux sanguins coincés dans mon abdomen et des nerfs également coincés dans mon dos. Pour expliquer mon état, Marielle aimait faire le parallèle entre mon corps et un ruisseau. « *Dans un ruisseau, pour que l'eau circule bien, il ne doit pas y avoir d'obstacles. S'il y a des roches, des pierres ou des arbres sur son chemin, il y aura barrage ou le flot va dériver.* » Dans mon dos et dans mon ventre, il n'y avait pas un arbre, mais la forêt tout entière et mes jambes ne recevaient pas les liquides nécessaires à leur bon fonctionnement. Par sa douceur, son professionnalisme et à l'aide de manipulations spécifiques, Marielle avait enlevé chacun des obstacles enracinés dans mon corps. En très peu de temps, j'avais senti une amélioration et la douleur s'était estompée. Avec elle, j'avais appris également à connaître mon corps. La posture, les blessures et le stress pouvaient créer des blocages et nuire à ma mobilité. Je devais donc être à l'écoute...

Ces derniers temps, j'avais fait la sourde oreille et lorsque je vis Marielle, j'avais effectivement atrocement mal aux jambes. Couchée sur la table de traitement, je combattais l'envie d'y rester indéfiniment. Assise sur son tabouret, Marielle avait ma tête entre ses mains. L'une sous ma nuque et l'autre sur le dessus de mon crâne. Elle me demanda de prendre de grandes respirations et de relâcher mes muscles.

Je respirai profondément, mais ça me donnait la nausée. Je n'étais pas bien. Je lui fis part de mon inconfort, et en douceur, elle mit ses mains sur mon ventre. Quelques minutes plus tard, je sentis une chaleur imprégner tout mon corps et les nausées sont disparues. Je fermai les yeux et tentai de faire le vide. L'ambiance était paisible. J'appréciai le silence et je finis par me concentrer sur mon corps. Marielle massait toujours mon ventre et le mouvement de va-et-vient semblait me bercer. Ma gorge se noua.

— *Laisse monter, Anick... Laisse aller...*

J'avais de plus en plus de difficultés à retenir le flot d'émotions qui m'assaillaient. Des larmes coulaient sur mes joues. L'impression d'étouffer m'envahit... J'étais paniquée et je cherchais désespérément à respirer.

— *Laisse aller...*

Malgré mes résistances, des sons à peine audibles sortirent de ma bouche. Peu à peu mes larmes se transformèrent en torrent que je ne pouvais plus contrôler. C'était si intense qu'à travers mes pleurs je m'entendis crier... En position fœtale, complètement dévastée, je hurlais ma détresse.

À la fin de la séance, Marielle quitta la pièce et me laissa seule. J'étais calme mais épuisée. Je n'avais plus ce poids qui oppressait ma poitrine et je respirais mieux. J'éprouvais malgré tout un certain malaise d'avoir éclaté ainsi. J'ai été élevée dans une famille où pleurer et s'apitoyer sur son sort n'étaient pas acceptés. Mes parents m'aimaient profondément et voulaient mon bonheur, mais pour eux, pleurer ne mène nulle part. «*Dans les épreuves, ma chérie, il faut trouver des solutions et voir le bon côté des choses*» disaient-ils. Cette doctrine m'a été fort utile au cours de ma vie, mais je n'ai pas appris à vivre mes peines et mes douleurs. Selon moi, j'avais flanché et quand Marielle fut de retour dans le bureau, je fus embarrassée.

Elle me demanda si j'allais mieux et me félicita pour le beau travail. Selon ses dires, un barrage émotif venait de s'écrouler.

— *Ton corps te sera très reconnaissant,* me dit-elle.

— *Ça en fera au moins un de content...*

J'avais beau être sarcastique, elle me dit tout de même que je n'avais pas à être mal à l'aise, que c'était normal d'éprouver de la colère, d'être triste ou impuissante. Fuir ces émotions m'empêchait d'avancer et ce n'était pas par hasard que j'avais mal aux jambes. Elle me dit aussi que je n'avais pas à être parfaite. Le bonheur des autres ne reposait pas sur mes épaules et je devais accepter de ne pouvoir tout contrôler...

Je comprenais tout ça, mais pleurer et crier mon désarroi n'aiderait en rien ma fille. Je devais rester forte pour elle, pour moi et pour la famille. De plus, Éric ne supportait pas de me voir malheureuse... Je ne pouvais me permettre de m'effondrer.

— *Tu n'as pas à t'effondrer, Anick, seulement accepter que tu vis une période plus difficile et te permettre d'être en mode « survie », c'est-à-dire: manger, dormir et gérer le stress.*

Prendre soin de moi, faire des choses que j'aime, reprendre mes forces et garder mes énergies me rendraient plus efficace, dit-elle.

— *Mais je ne sais plus comment être efficace...*

Finalement, je confiai à Marielle ce qui me torturait en dedans. Elle compatit à ma souffrance et me demanda si j'avais objection à ce qu'elle voit Marie-Claude. Elle m'indiqua que les troubles du comportement chez les enfants n'étaient pas des cas rares en ostéopathie. J'étais très surprise de constater qu'une approche comme celle-là pouvait influer sur le comportement, mais entre l'attente d'un rendez-vous à l'hôpital et des traitements avec Marielle, j'optai pour l'ostéopathie.

Sur le chemin du retour, j'écoutai de la musique douce. J'avais baissé ma fenêtre et je respirais l'air printanier. J'étais calme et songeuse. Je repensais à la séance et j'esquissai un léger sourire. J'avais senti mon univers s'écrouler, mais au lieu de sombrer avec lui, on venait à ma rescousse. Comme Johanne l'avait fait il y a huit mois, Marielle me venait en aide et me redonnait espoir. J'étais remplie de gratitude.

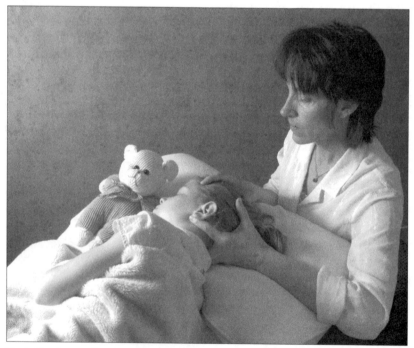

Marie-Claude en traitement avec Marielle Dallaire.

L'ostéopathie, avril 1999

Le 14 avril 1999, Marie-Claude débuta ses traitements en ostéopathie. La veille, avant le rituel du dodo, je lui avais expliqué que nous irions voir Marielle, une ostéopathe très gentille. Il m'était difficile d'expliquer avec des mots d'enfants ce qu'était l'ostéopathie, mais je la rassurai en lui disant que Marielle allait simplement vérifier si son corps était en bonne santé, si tous les petits organes internes assuraient bien leurs fonctions.

— *Tu es très chanceuse, ma chérie, de rencontrer Marielle...*

Je chuchotai à Marie-Claude de s'approcher, car j'avais un secret. Amusée, elle s'approcha et tendit l'oreille.

— *Depuis que je vois Marielle, mon corps est très très content. Ton corps aussi va être content. C'est l'fun, hein?*

Elle avait de grands yeux émerveillés et tout heureuse, elle partit retrouver son père qui s'amusait avec Ariane.

— *Papa, papa... mon corps content, mon corps content...*

Elle me fit bien rire et je fus soulagée de la sentir en confiance face à la rencontre du lendemain.

À l'heure prévue, nous étions au rendez-vous et Marie-Claude, très excitée, avait hâte de voir Marielle. Dès qu'une dame se pointait dans la salle d'attente, elle me demandait si c'était «*elle*», Marielle. Finalement, *la* Marielle ouvrit la porte et toute souriante, elle nous invita à entrer. Elle se présenta à Marie-Claude et lui prêta quelques jouets. Puis, nous commençâmes à discuter pour établir l'historique de ma fille : grossesse, accouchement, inquiétudes et traumatismes possibles de sa naissance à aujourd'hui. Par la suite, elle invita Marie-Claude à se coucher sur la table de traitement. Elle se laissa toucher, mais elle bougea sans arrêt. L'examen physique permit à Marielle de déceler une torsion intra-osseuse au niveau de l'occiput. Je ne comprenais pas beaucoup, mais j'étais ravie. Le simple fait de trouver une raison physique à ses troubles rendait la situation plus tangible à mes yeux. Me rattacher à une cause physique pour expliquer son comportement faisait en sorte que je n'étais plus face à l'angoisse des maladies mentales et en attente d'un diagnostic psychiatrique. On pouvait faire quelque chose maintenant ; il y avait de l'espoir et je savais que Marielle pouvait l'aider.

Elle m'expliqua que les lésions osseuses dans la partie postérieure du crâne impliquait un crâne tordu, compacté et dans l'impossibilité d'assurer une bonne circulation.

— *Ce qui est tordu à l'extérieur endommage inévitablement l'intérieur en affectant le tronc cérébral.*

Ce que je devais comprendre, c'est que le tronc cérébral est une zone majeure du système nerveux central puisque différents nerfs partent de celui-ci.

— *Le système nerveux central est comme le moteur d'une auto ; il doit être en bon état pour que celle-ci puisse fonctionner. Pour faire image, Marie-Claude a trois pistons de son moteur* qui sont tordus, donc elle ne peut agir normalement, me dit Marielle.

Ses pistons étant tordus, les influx se dirigeant vers le haut et le bas de son corps étaient dérangés et ils affectaient également les échanges sanguins.

— *C'est comme mettre de l'essence dans un réservoir troué.*

Autrement dit, le cerveau de ma fille n'était pas assez alimenté. J'étais fascinée par ces explications. Pour m'aider à comprendre davantage, Marielle sortit un faux crâne de son armoire. Elle précisa l'endroit où Marie-Claude avait ses lésions et je réalisai l'impact de ces torsions. Une lésion influence tout le reste de la boîte crânienne, donc l'os temporal qui assure le bon fonctionnement de l'oreille était perturbé. Les liquides stagnants pouvaient causer des otites à répétition. Il y avait également le dixième nerf crânien, partant du tronc cérébral et rejoignant toute la partie principale de l'abdomen, qui était affecté par la torsion. La surcharge emmagasinée au niveau du tronc descendait comme un courant électrique jusqu'à l'abdomen et créait des malaises comme des crampes, un ventre dur, des problèmes de constipation, des gaz et ...des coliques.

J'étais très impressionnée. Elle voyait ma fille pour la première fois et grâce à une lecture de son crâne, elle me parlait de Marie-Claude comme si elle l'avait toujours connue. Je ne connaissais pas grand-chose à l'anatomie, mais je me risquai néanmoins à lui dire que j'étais convaincue qu'un des nerfs coincés devait être relié à la parole. Effectivement, les nerfs principaux en lien avec la bouche et la gorge proviennent d'une zone dans le tronc cérébral. À la lumière de cette nouvelle compréhension, des images de Marie-Claude souffrant de maux d'oreilles et les heures passées à tenter l'impossible pour la soulager de ses coliques sévères me revenaient en mémoire. Si j'avais su...

Je regrettais de ne pas avoir consulté plus tôt, mais Marielle m'affirma qu'il n'était pas trop tard et qu'à l'aide de manipulations spécifiques, il était possible de dégager les torsions et de redonner aux tissus la capacité de bien fonctionner. J'étais enchantée, et ce qu'elle me dit m'époustoufla davantage.

– *L'être humain est constitué d'une zone cérébrale directement en lien avec le comportement.*

J'étais attentive et tout ouïe. J'appris que dans cette zone, tout juste derrière le front, existe un système d'inhibition qui indique au cerveau, lorsque la charge énergétique est à sa pleine capacité, qu'il est temps de «stopper les moteurs». Et comme tous les autres systèmes, s'il est tordu, il ne peut faire son travail adéquatement. Marie-Claude ayant une tête tordue, compactée, et avec une région circulatoire perturbée, son système d'inhibition était malheureusement hors fonction et il engendrait des troubles du comportement et de l'hyperactivité.

– *Excuse-moi, Marielle... Où peut-on trouver des systèmes d'inhibition neufs? J'en prendrais bien une caisse, plaisantai-je.*

J'étais exaltée. Mais comment se fait-il qu'on ne m'aie pas parlé plus tôt de cette méthode? Je pensais à tous les enfants souffrant d'hyperactivité dans nos écoles et je me demandais s'ils avaient, eux aussi, des lésions intra-osseuses. Surtout qu'elles pouvaient être causées lors de la naissance et même lors de la vie intra-utérine. Combien d'enfants innocents se faisaient gronder parce qu'ils perturbaient leur environnement bien malgré eux? De tels constats m'aidèrent à réaliser qu'il s'avérait impossible pour Marie-Claude ou pour tout autre enfant souffrant de ces lésions de se contrôler. Même si elle le voulait et qu'elle faisait tous les efforts nécessaires, elle était physiologiquement dans l'incapacité de rester calme et concentrée. Cette perspective changeait tout et me rendait plus empathique et plus tolérante face à Marie-Claude.

En une heure à peine, j'avais appris beaucoup sur le potentiel de guérison de l'approche en ostéopathie. Ayant vécu moi-même une belle expérience avec Marielle, je savais qu'elle faisait de petits miracles, mais jamais il ne m'était venu à l'idée qu'on puisse dissiper des troubles du comportement à l'aide de manipulations corporelles. J'en étais éberluée et manifestement enchantée. Je connaissais les compétences de Marielle et je savais qu'il n'y avait aucun danger, mais je pensais à l'éventuel rendez-vous à l'hôpital Pierre-Janet. Est-ce que je devais choisir entre les deux? Est-ce que ces deux approches étaient compatibles? En réalité, je n'avais pas à faire un choix. Nous étions dans l'attente d'un rendez-vous, et entamer une série de traitements ostéopathiques n'entravait en rien le processus amorcé. Au contraire, Marie-Claude ne pouvait qu'en bénéficier. Il fut donc décidé qu'elle serait traitée en ostéopathie à raison d'une fois toutes les deux semaines.

Avec le mois d'avril vint aussi la fin de mon congé de maternité. Je m'ennuyais de mes élèves, mais m'occuper des trois enfants, de la maison et de Marie-Claude qui demandait tellement... j'étais épuisée. Y ajouter l'enseignement, la planification et la correction? Retourner travailler m'apparaissait presque impossible. De plus, je ne me résignais pas à renvoyer Marie-Claude à la garderie. Je préférais l'avoir près de moi pour être là en cas de besoin et lui offrir l'environnement le plus stable possible. Financièrement, nous ne pouvions nous permettre un revenu en moins, alors nous devions trouver une solution. Après mûre réflexion, je communiquai à Éric mon idée d'ouvrir une garderie à la maison. J'avais étudié en service de garde et j'avais un baccalauréat en enseignement préscolaire et primaire. Je n'avais qu'à ramener mon matériel pédagogique de l'école et offrir un service de garde éducatif pour les enfants de quatre ans. J'étais déjà emballée. «*Ce serait une préparation à la maternelle pour ces enfants.*» De cette façon, j'alliais mes deux passions, les enfants et l'éducation. Cédrik serait à l'école, Ariane avec moi, et Marie aurait des amis. On s'amuserait tous ensemble et je serais là pour parer à toute éventualité. C'était le scénario idéal. Les seuls inconvénients étaient les crises de Marie-Claude et les nombreux déplacements pour ses traitements, mais je trouverais bien une solution. La décision fut prise, je ne retournerais pas enseigner.

Je poursuivis mon congé jusqu'à l'automne, m'occupant ainsi de Marie-Claude et de ses rendez-vous. En septembre, j'ouvris mon service de garde en milieu familial, et pour remédier aux aléas, j'engageai une aide éducatrice pour m'assister et me libérer davantage. Quitter l'enseignement me peinait beaucoup, mais c'était, pensions-nous, la meilleure stratégie pour le bien-être de Marie-Claude. Le sous-sol se transforma rapidement en *Garderie jeunes papillons*, et en éternelle professeure que je suis, diverses activités animaient nos journées. Les amis étaient tous très gentils et mes deux filles se faisaient une joie de les voir tous les matins.

Le plaisir régnant à la maison et m'ayant à proximité, Marie-Claude se sentait bien. Si par malheur je sentais une crise s'annoncer, je me dépêchais de m'isoler avec elle dans sa chambre jusqu'à ce qu'elle revienne à la normale. Je m'occupais de tout et je veillais à contrôler les éléments pouvant causer une perturbation. Marie-Claude était la seule à ne pas dormir avec les autres. À l'heure de la sieste, elle m'aidait à endormir les amis et, par la suite, elle montait à sa chambre s'y reposer. Plaisir, affection, routine et stabilité étaient ma devise. Mais à toutes les deux semaines, la routine était interrompue pour un rendez-vous chez l'ostéopathe.

Au tout début, ma fille n'aimait pas du tout les traitements en ostéopathie. Lorsque je lui demandais de se préparer pour aller voir Marielle, elle me disait «non» avec vigueur et elle allait se cacher. Avec le temps, elle se résigna à me suivre sans trop rouspéter, mais elle trimbalait doudous, poupées, radio et musique douce. Une fois rendue, il était difficile pour elle de rester en place sur la table de traitement. Toutes les deux minutes, elle demandait si c'était bientôt fini. On l'invitait à prendre de grandes respirations et je chantais avec elle pour passer le temps. Marielle manipulait sa tête, et moi, je lui lisais des histoires. Les séances commencèrent par durer environ trente minutes, puis elles s'allongèrent tranquillement jusqu'à atteindre la durée normale d'une heure. Ce n'était pas de tout repos, mais le jeu en valait la chandelle. Lorsque c'était terminé, Marie se dépêchait à descendre de la table de traitement et s'amusait : faire monter et descendre la table de traitement à l'aide des pédales sur le plancher était son activité préférée! Je réglais la note et elle attendait impatiemment que Marielle lui présente la boîte de surprises afin de se choisir une petite gâterie.

Les mois passaient et nous constatons une évolution chez Marie-Claude. Elle dormait mieux et se levait moins fréquemment la nuit. Elle était en bonne santé, ses yeux devenaient plus lumineux et, à ma grande surprise, elle écouta sa première émission de télévision du début à la fin : Les Télétubbies captaient son attention. Je me rappelle avoir sauté de joie en la voyant aussi concentrée et emballée par ces immenses bonhommes qui répètent inlassablement le mot « Tubbies rôties ». Je dois avouer que le contenu m'importait peu, ils pouvaient bien répéter ce qu'ils voulaient, j'étais tout à coup une adepte des Télétubbies. Dès qu'Éric ou moi apercevions, dans les boutiques, un objet représentant ces fameux bonshommes, nous le lui achetions. C'était, en quelque sorte, notre hommage au progrès de notre fille.

Il lui arrivait encore de céder la place à l'autre personnalité, toujours aussi terrifiante, mais ce que j'appelais « sa première personnalité », allait de mieux en mieux et ça me consolait. Une certaine complicité s'était créée entre Marielle, Marie-Claude et moi-même. Marie-Claude n'avait que trois ans, mais elle était consciente de sa difficulté à respecter les consignes. Elle savait qu'elle était vigoureusement active et elle espérait à chaque rencontre que ce soit la dernière. « *Je vais aller mieux, hein maman ? Ma tête et mon corps vont être contents !* » Courageusement, elle s'installait sur la table et elle se laissait traiter.

Un jour, alors que Marielle travaillait à dégager les nerfs et à redonner la mobilité aux tissus, Marie-Claude, les yeux clos, nous réservait une surprise. Elle allait dépasser l'aspect physiologique de la guérison. Elle était étendue sur le dos et elle reposait en toute quiétude. Ses joues étaient rougies par l'énergie qui se libérait. J'étais à côté d'elle et lui tenais la main. Je regardais son visage ; elle avait l'air d'un ange. Ses cheveux mouillés sur son front indiquaient qu'un travail en profondeur était en train de se faire. En silence, je chérissais ce moment privilégié. Soudain, je sentis la main de Marie-Claude me serrer très fort. Elle avait les yeux écarquillés et elle éprouvait de la difficulté à respirer. Elle fut saisie de panique et moi aussi. Je demandai à Marielle ce qui se passait et elle me fit signe de me rasseoir. Abruptement, Marie-Claude changea de position et était maintenant à plat ventre, les genoux repliés sur elle-même. Elle paraissait désemparée et malgré son souffle court, elle arriva à crier «Maman...» J'étais déchirée et des larmes coulaient sur mes joues. Pour la première fois, ma fille me réclamait... Marielle tenait toujours la tête de Marie entre ses mains et je l'implorais du regard... Marie-Claude insistait pour que ça cesse et moi, je ne faisais que répéter que j'étais là, tout près, et que je l'aimais de tout mon cœur... J'étais déboussolée.

– *Dis-lui de prendre une grande inspiration,* me dit Marielle.

Je me plaçai tout près de ma fille et je lui pris la main.

– *Respire, Marie-Claude... S'il te plaît, tu es capable...*

– *Maman... Maman...*

Le souffle lui manquait et elle était apeurée. C'était atroce de la voir ainsi, mais j'insistai encore.

– *Marie-Claude, écoute-moi. Je suis avec toi... mais c'est à toi de respirer, tu dois le faire toute seule... Vas-y, mon bébé...*

Marie-Claude se mit tranquillement à déplier ses jambes et à exécuter un mouvement de balancement comme si elle poussait quelque chose avec sa tête. J'étais perplexe. Marielle laissa Marie-Claude et m'invita à prendre sa place. J'étais maintenant accroupie au bout de la table et j'observais ma fille.

– *Tends-lui les bras... Accueille-la... Ta fille va naître,* dit Marielle.

Marie-Claude se glissa jusqu'à moi et attrapa ma main.

– *Respire, mon ange, respire...*

Son corps sur la table, sa tête et ses bras dans le vide, je la tenais. Je supportais son regard et enfin elle prit une grande inspiration. Elle respira si fort qu'elle se mit à pleurer et tout son corps glissa sur moi. Elle m'agrippa par le cou et resta dans mes bras un long moment.

Plus rien n'existait, c'était merveilleux. Je pleurais telle-ment que j'en oubliai la présence de Marielle et quand, plus tard, je la regardai, elle me fit un magnifique sourire, mouillé de larmes.

Ce n'est que beaucoup plus tard, lorsque la poussière fut retombée, que Marielle m'expliqua ce qui s'était physiologi-quement produit. Elle avait commencé par traiter la surface du crâne pour ensuite atteindre le tronc cérébral et finalement parvenir au lobe limbique, la partie la plus intime au centre du cerveau. Comme en pelure d'oignon, une à la suite de l'autre, chacune des parties s'était libérée et replacée, don-nant ainsi accès à l'organe sous-jacent. Le crâne de Marie-Claude s'était peu à peu transformé et nous avions atteint la source du problème. En effet, le rôle principal du cerveau est de protéger l'individu et lorsque celui-ci vit une peur, un stress important ou un traumatisme, une partie du cerveau reste figé et sous tension. Le lobe limbique emmagasine alors les mémoires, comme un disque dur le fait avec l'ordinateur. Tandis que la charge émotive reliée aux mémoires se libère, l'individu revit physiquement l'émotion. Cette journée-là, Marielle avait rejoint le lobe limbique de Marie-Claude et celle-ci avait revécu physiquement sa naissance et toutes les émotions qui y étaient rattachées.

Cette séance est restée gravée dans ma mémoire et les jours suivants furent bienfaisants. Marie-Claude et moi étions plus proches. Rien ne me rendait plus heureuse que de voir Marie accourir vers moi en se jetant dans mes bras. Tranquil-lement, je sentis les tensions et l'anxiété diminuer, je retrouvai peu à peu le calme et l'harmonie.

Même notre vie de couple en bénéficia. En effet, au mois de novembre, Éric me fit une surprise. Un samedi matin, ma sœur arriva chez moi, avec sa fille et ses valises. Étonnée, je me demandais si j'avais oublié que je devais garder mais à ma plus grande joie, Éric m'annonça que nous partions pour la fin de semaine et que Marie-Josée s'occuperait des enfants. Mon amour avait réservé un chalet au Refuge du Cerf. Nous avions découvert cet endroit enchanteur par hasard, quelques années plus tôt. Éric et moi étions allés nous promener à Montebello. Nous avions marché, mangé dans un beau petit restaurant romantique et nous avions terminé notre après-midi à la gare, qui est maintenant un kiosque d'informations touristiques. Sur le comptoir était déposé un album. Il y avait de belles photos de chalets rustiques. J'étais sous le charme, et je voulus me rendre à cet endroit. Arrivés sur les lieux, les propriétaires nous avaient fait visiter. Je me sentais tellement bien à cet endroit, dans ce chalet en bois rond, que je fis une réservation sur-le-champ. Nous étions allés chercher les enfants et nous avions passé une magnifique fin de semaine dans ce que j'appelle maintenant notre havre de paix. Depuis ce temps, lorsque nous ressentons le besoin de nous évader de la routine, de passer du bon temps en famille ou en amoureux, nous réservons un chalet au Refuge du Cerf. Aujourd'hui, Éric avait pris l'initiative et j'en étais comblée. Ouvrir la garderie, planifier des activités éducatives, m'occuper de Marie-Claude et me déplacer pour ses traitements en ostéopathie m'avait quelque peu épuisée. Une fin de semaine dans le bois me ferait le plus grand bien. Marcher dans les sentiers, nourrir les cerfs, admirer un feu de foyer, faire l'amour, voilà ce qui m'attendait.

Ce petit week-end d'amoureux en pleine nature me permit de rayonner davantage. Et pour couronner le tout, à notre retour, nous reçûmes l'appel de l'hôpital psychiatrique ; Marie-Claude avait enfin un rendez-vous.

Le jour prévu, j'étais très nerveuse, car je ne savais pas à quoi m'attendre. Je n'avais jamais visité un hôpital psychiatrique et le simple mot « psychiatrique » m'angoissait. Alors, y mettre les pieds augmentait d'un cran mon anxiété. Les lectures que j'avais faites sur Internet n'étaient pas très exhaustives et les interventions en lien avec les troubles de la personnalité m'étaient inconnues. J'avais peur qu'on l'interne pour l'examiner ou qu'on la bourre de médicaments. Mais une fois sur place, le personnel hospitalier, fort sympathique, dissipa quelque peu mes angoisses. Une dame, à l'entrée, nous accueillit chaleureusement et nous invita à prendre place dans un grand local. Elle nous dit que le premier contact consistait en un entretien familial qui servait à ouvrir le dossier et à définir les liens familiaux qui nous unissaient. Quelqu'un viendrait nous voir. Rassurés, nous étions maintenant assis tous les cinq attendant patiemment.

En présence d'un interne, la rencontre se déroula merveilleusement bien. Nous discutions banalement de divers sujets : l'âge des enfants, leurs jeux et activités préférés, nos professions et notre fonctionnement à la maison. Cédrik et Marie-Claude répondaient aux questions et, de temps en temps, ils couraient à travers la pièce. Plutôt que de me sentir comme une étrangère, j'avais l'impression de prendre le thé en bonne compagnie. Rien d'anormal n'était apparent chez Marie-Claude et la rencontre ne me permit pas d'en apprendre davantage sur le trouble de la personnalité multiple. Nous avons abordé brièvement le sujet à la toute fin de la rencontre, mais nous devions attendre au printemps pour rencontrer le spécialiste qui répondrait à nos questions. Son cas n'était pas jugé prioritaire. Il nous donna tout de même un numéro de téléphone pour les urgences si une crise survenait. De manière à nous rassurer, la rencontre se termina sur quelques conseils de base pour éviter de nous épuiser: prendre des moments de repos dans la journée, prévoir des sorties en amoureux, avoir une gardienne de confiance, établir un horaire stable et régulier et ne pas laisser le pouvoir de décision à l'enfant. Nous étions les parents et nous devions offrir un cadre disciplinaire sécurisant et constant.

À la sortie de l'hôpital, je fus d'abord soulagée de constater que rien d'alarmant ne s'était produit; on ne lui avait pas prescrit de médicaments et surtout, on n'allait pas l'interner. Dans mon cœur, je remerciai Marielle, mais par la suite, je fus tiraillée entre la satisfaction de voir l'état de ma fille s'améliorer et la déception d'être replongée dans l'attente parce que l'autre personnalité ne s'était pas manifestée. De toute évidence, Marie-Claude allait mieux. L'interne n'avait même pas soulevé l'hyperactivité. Par contre, le phénomène de la personnalité latente me laissait au dépourvu et je ne pouvais prétendre que tout était réglé.

Les crises étaient moins fréquentes, mais manifestement, l'intensité de celles-ci allait en s'amplifiant. Elle atteignit son paroxysme en cette journée fatidique du mois de décembre. Il avait neigé cette nuit-là et à notre réveil, le sol avait revêtu son manteau blanc. Les lumières, les pères noël et les rennes étaient embellis par ce tableau hivernal. Les enfants s'étaient levés tout excités par ce splendide paysage et Marie-Claude, qui avait associé neige et Noël, se demandait où étaient passés les cadeaux. Elle nous fit bien rire. À l'heure du déjeuner, l'ambiance était électrique et nous avions même écouté un disque de Noël. À contrecœur, Éric quitta la maison pour se rendre au travail. Ce n'était pas dans ses habitudes de travailler la fin de semaine, mais il devait terminer un rapport important. Aux environs de dix heures, Ariane dormait profondément dans son parc installé tout près de la cuisine. Profitant de ce répit, j'étais dans la salle de bain en train de me préparer : j'avais promis aux enfants qu'on irait faire un beau bonhomme de neige au réveil de leur petite sœur.

Marie-Claude jouait avec son frère au sous-sol lorsque soudain, j'entendis Cédrik monter au pas de course. Il criait à tue-tête :

— Marie veut me faire mal, maman... Marie veut me faire mal...

Brusquement, je sortis de la salle de bain pour voir ce qui se passait. Cédrik était dans l'escalier et Marie-Claude à sa poursuite. Jamais ma fille n'avait dégagé quelque chose d'aussi terrifiant... Son visage était tout tendu et ses yeux... des yeux si maléfiques que j'en avais la chair de poule. Elle hurlait des sons incompréhensibles et elle tendait à bout de bras une épée de *Star Wars* que Cédrik avait reçue en cadeau. On aurait cru qu'elle voulait lui couper la tête. Cédrik était vraiment effrayé et il courut se réfugier dans sa chambre. Il ferma rapidement la porte derrière lui et il se mit à pleurer. N'ayant pas le temps d'intervenir, Marie-Claude, dans le corridor, se tenait maintenant face à la porte de leur chambre. Juste à la regarder, j'en avais des sueurs froides... Elle était manifestement perturbée et des spasmes la secouaient. Il m'était difficile d'approcher, car elle était si agitée que je craignais d'être blessée. Mais malgré mes craintes, je devais à tout prix lui arracher cette épée avant de la maîtriser. J'avais les jambes molles et mon cœur battait à tout rompre. J'avais la sensation indéniable que quelque chose d'épouvantable allait se produire.

Je m'approchai tranquillement et je l'agrippai par derrière. Je la tenais dans mes bras, mais elle se débattait comme une forcenée. Elle hurlait, me donnait des coups de pieds et des coups de tête. Je n'arrivais pas à la maîtriser. Je lui criais d'arrêter, mais elle se faisait de plus en plus violente. Je ne savais vraiment plus quoi faire. De peine et de misère, j'ouvris la porte de la chambre, la poussai à l'intérieur et ordonnai à Cédrik de sortir. Je refermai la porte aussi vite que je pus. Je repris mon souffle... Je l'entendais crier et cette voix d'outre-tombe me clouait sur place. Elle frappait à la porte et parfois même, elle s'élançait sur celle-ci. Convaincue qu'elle allait la défoncer, je nous croyais vraiment en danger. Tout en tenant fermement la poignée de porte, je criai à Cédrik d'aller chercher ma robe de chambre. Il s'exécuta sur-le-champ. Je dégageai la ceinture qui était dans les ganses et je fis un nœud autour de la poignée. Il m'apporta une autre ceinture et je les attachai ensemble pour rejoindre la rampe d'escalier derrière nous. J'y fis un autre nœud bien solide et je me laissai choir sur le tapis. Cédrik me regardait outré ; il n'arrivait pas à croire que sa maman puisse enfermer sa sœur ainsi.

— *Mais maman, elle ne pourra plus jamais sortir...*

J'étais consciente que tout ceci pouvait le perturber, mais je n'avais pas la tête à lui fournir des explications. Je lui pris la main pour le rassurer et je l'invitai à s'asseoir près de moi. Nous étions tous les deux appuyés à la rampe et nous fixions la porte de la chambre. Nous retenions notre souffle et nous sursautions à chaque coup que nous entendions. Elle était vraiment en proie à l'hystérie. Nous avions l'impression qu'elle ravageait sa chambre, il y avait un tel vacarme ! Le plus dérangeant était d'entendre Marie-Claude s'élancer sur les murs de sa chambre. J'en avais les larmes aux yeux et je priais pour que cela cesse. Peu à peu les bruits s'estompèrent et il régna un silence troublant. Je me levai, je défis les ceintures et j'ouvris la porte. Il n'y a pas de mots pour exprimer ce que j'y ai vu ; des images horribles défilaient devant moi. Il y avait du sang partout. Sur les planchers, sur les meubles et les murs. Marie-Claude était assise par terre. Elle tourna tranquillement sa tête vers moi, le nez dégoulinant de sang, et elle se mit à rire aux éclats. Elle dessinait sur le mur avec son sang. Je pensais que j'allais m'évanouir. Je sentis la nausée monter et je courus à la salle de bain pour vomir. Mon corps tremblait comme une feuille. J'essayais de rassembler mes esprits, mais j'étais trop dépassée par la situation... En état de choc, je téléphonai à ma mère qui s'amena chez moi immédiatement.

Encore troublée, je n'arrivais pas à approcher Marie-Claude. Ma mère prit donc en charge de la laver et de s'assurer qu'elle n'était pas trop blessée. Moi, je nettoyai sa chambre... Après un bon bain, Marie s'endormit et nous descendîmes au salon. Cédrik racontait comment, à l'aide de ceintures, j'avais enfermée ma fille dans sa chambre. Je l'écoutai raconter sa perception des évènements et ma stupeur se dissipa pour faire place aux remords. Était-ce ma faute ? Et si je l'avais gardée sur moi, se serait-elle blessée ainsi ? Qu'allait penser mon fils ? Mon mari ? Me jugeraient-ils mauvaise mère ? Quant à la mienne, ma mère, elle n'en souffla mot. Elle profita de l'occasion pour jouer avec Cédrik et bercer Ariane avant de retourner au travail. À son départ, elle m'enlaça tendrement et me pria de prendre soin de moi. Quand elle referma la porte, j'éclatai en sanglots et je restai recroquevillée une bonne partie de la journée.

Le soir venu, j'eus à peine la force de raconter à Éric ce qui s'était passé, mais Cédrik encore ébranlé, racontait rigoureusement chaque petit détail. Marie-Claude, elle, comme à son habitude, ne se souvenait de rien.

Éric sentait que j'étais à fleur de peau et il fit tout son possible pour me réconforter. Tendre et affectueux, il cherchait à me faire sourire. En dépit des efforts qu'il faisait, je demeurais impénétrable. Il avait beau tenter de dédramatiser la situation, il n'en demeurait pas moins qu'il n'avait pas été là... Il n'y était presque jamais d'ailleurs. Et si par hasard, une crise survenait et qu'il y était, il ne se sentait pas la force d'y faire face. Non, il ne pouvait saisir l'ampleur de ce que je ressentais. De plus en plus esseulée, j'étais dépassée par les évènements.

Si seulement il avait été là... il aurait *vraiment* compris ce que je ressentais...

Quelques jours plus tard, Marie-Claude avait rendez-vous chez l'ostéopathe. Je racontai l'incident à Marielle pour qu'elle puisse vérifier s'il y avait eu des répercussions physiques que je ne pouvais déceler. Tout semblait normal et la rencontre se déroula sans anicroche. Marielle semblait satisfaite des progrès engendrés par les traitements, mais moi je n'arrivais plus à ressentir autant de joie. Marie-Claude progressait, mais les attaques violentes faisaient partie d'elle, et malgré tous les progrès, il n'y avait rien pour les empêcher de faire surface. Entre les épisodes de crises, ma fille allait bien, c'était déjà ça de gagné. J'étais résignée à accepter la situation quand j'entendis Marielle me demander si j'avais l'esprit ouvert. Je lui demandai à quel sujet et elle me dit qu'elle connaissait quelqu'un de merveilleux avec les enfants.

– *Il travaille en relation d'aide et il a des compétences en lien avec des problèmes paranormaux. Je suis allée au bout de ce que je pouvais faire avec Marie-Claude. Son corps est libéré* de plusieurs tensions, mais pour la suite, ce n'est plus de mon ressort. Tu peux faire confiance à Michaël, c'est une bonne personne et Marie-Claude sera entre bonnes mains.

– Merci, Marielle, je vais y penser...

Je repartis songeuse. Nous avions conclu qu'elle verrait Marie-Claude une fois par saison ou au besoin. «Nous avons remporté une bataille» avait dit Marielle. Mais la guerre n'était pas gagnée... Elle remettait les armes à Michaël et moi, je me demandais si j'étais prête à aller au front. J'avais l'esprit ouvert, mais j'avais déjà tenté une expérience de guérison sans véritables résultats... Pouvais-je faire confiance à nouveau ? Rencontrer l'âme de Marie-Claude avait été tellement terrifiant, avais-je la force de revivre tout ça ? Ou était-il préférable de rappeler l'hôpital ?...

Ce soir-là, étendue au salon, je regardais tomber la neige à gros flocons ouateux et les lumières de Noël, ornant les maisons, scintillaient de mille feux. Les enfants étaient couchés et la musique douce me détendait alors qu'Éric nous préparait un bon chocolat chaud.

Nous discutâmes une bonne heure de la possibilité de rencontrer Michaël. Éric était ouvert à la discussion et il m'écoutait attentivement, mais il ne pouvait prendre de décisions.

– C'est toi, la spécialiste ; si tu penses que c'est ce qu'il y a de mieux pour Marie, alors fais-le... Je t'y encourage, mais ne me demande pas d'y aller, je ne saurais pas quoi faire.

Je ne savais plus quoi penser. Mes yeux se posèrent sur la crèche, sous notre arbre, et je me demandai ce que la Vierge Marie aurait fait pour son fils... La réponse devint claire. Jadis, elle avait fait confiance aux anges... En mon âme et conscience, je sus que j'étais également prête à tout pour aider ma fille. Même si ça impliquait une intrusion dans le monde des âmes.

Le lendemain matin, j'appelai Michaël et je lui laissai un message sur sa boîte vocale. Je ne savais pas alors que je venais de faire l'appel le plus important de toute ma vie.

La guérison spirituelle

Quelques jours après avoir reçu l'appel de Michaël, j'étais en route pour le rencontrer. Au téléphone, sa voix douce et grave se faisait rassurante. Dans notre échange, il y avait un petit quelque chose de familier qui me donnait l'impression de parler à un ami. Nous avions jasé quelques minutes et convenu de poursuivre notre conversation lors de notre rencontre. Je ne savais pas ce qui se passerait et je n'avais aucune idée de ce Michaël pouvait faire pour nous. Il avait effleuré le sujet en disant qu'il existait beaucoup plus que ce que nous voyons et que la lumière et la vibration d'amour pouvaient contribuer à soulager la souffrance humaine, si l'âme y consentait. Nous aider était possible, mais il voulait voir Marie-Claude avant toute chose. Michaël exerçait un autre métier qui l'empêchait de me recevoir en journée et il n'avait pas de bureau officiel. Il avait gentiment accepté de nous rencontrer parce que Marielle nous avait référées, mais nous devions trouver un lieu de rencontre. Un peu plus tard, avec l'accord de Marielle, il fut décidé que le bureau de celle-ci était l'endroit tout désigné.

Le 15 décembre 1999, Marie-Claude et moi étions donc en route pour rencontrer Michaël. Les chemins enneigés, difficilement praticables, réclamaient toute mon attention et loin de me contrarier, j'appréciais ce moment où mon esprit était occupé par autre chose que ma nervosité reliée au rendez-vous. Toute la journée, je m'étais sentie divisée. Une partie de moi exaltait à l'idée que Marie-Claude puisse enfin sortir de cet enfer, et l'autre partie était effrayée par la possibilité de rencontrer à nouveau l'âme de ma fille. Cette rencontre, qui avait eu lieu à Montréal avec Johanne deux ans plus tôt, avait été si terrifiante que j'appréhendais le monde des âmes. Les connaissances que j'avais acquises depuis, sur ce monde « parallèle », m'avait aidée à percevoir l'être humain et la vie en général sous un autre angle. J'avais soif de connaissances et je lisais beaucoup, mais... entrer concrètement en contact, vivre physiquement la réalité de ce monde m'angoissait au plus haut point. J'avais l'impression d'avancer les yeux bandés tel un funambule pouvant tomber à tout moment. Et si je me rendais de l'autre côté sans tomber ?

Je me devais de découvrir toutes les possibilités de guérison, pour moi et pour ma fille. Quelque chose de plus grand et de plus fort que la peur m'incitait à continuer la traversée du fil de fer.

Arrivées dans la salle d'attente, tout était silencieux. Les bureaux avoisinants étant fermés, le calme et la pénombre régnaient. J'attendais patiemment l'arrivée de Michaël et l'allure clandestine de ce rendez-vous me fit sourire.

Se sentant très à l'aise dans cet environnement, Marie-Claude s'affairait à un casse-tête. À plusieurs reprises, elle me demanda pourquoi Marielle n'était pas là et je lui rappelai que celle-ci avait aimablement prêté son bureau à un « ami » qui voulait nous rencontrer. Cette explication sembla la satisfaire et heureusement, elle ne posa pas davantage de questions. Tellement prise par mes émotions et sans savoir exactement ce que nous venions faire avec Michaël, je ne savais trop que dire à ma fille : une sortie avec maman, une rencontre avec un ami ; pour l'instant cette explication la contentait. Je regardais Marie faire ses casse-tête sans les terminer, sortir les livres et les crayons. Je me suis jointe à elle. Nous regardions les images d'un livre et de temps en temps, nous ajoutions un autre morceau au casse-tête. Je croyais que nous étions seules mais à ma surprise, la porte du bureau de Marielle s'ouvrit. Il était là. Grand, dans la quarantaine, les cheveux grisonnants, des yeux bleu ciel et un magnifique sourire.

— *Vous êtes Anick ?*

— *Eeuh... oui...*

— *Et je suppose que cette belle petite fille est Marie-Claude ?*

Entendant son nom, Marie-Claude leva la tête et regarda cet homme. Spontanément, elle lui montra son casse-tête et une courte discussion s'en suivit. Rapidement, il y eut une bulle d'énergie perceptible autour d'eux. Michaël dégageait un tel magnétisme ! Il avait capté l'attention de Marie-Claude et elle le suivit dans le bureau de Marielle. Wow ! Assurément, il sait s'y prendre avec les enfants, pensais-je. Il installa Marie-Claude par terre et lui donna un grand papier blanc et des crayons de couleur. Il lui demanda de dessiner sa famille. Puis, Michaël vint me rejoindre et il entama la discussion. Nous avons abordé les questions reliées à son développement moteur : elle grandit bien, mange bien, dort très peu, éprouve des difficultés de concentration et des problèmes d'élocution. Nous avons parlé de sa naissance et de tout l'historique qui s'ensuit. Finalement, on arriva au cœur de mes préoccupations. Noël approchait à grands pas... Avec son lot d'activités, de cadeaux, de visites et de changements de routine, j'étais inquiète pour Marie-Claude. Je savais que l'excitation engendrée par l'effervescence des fêtes pouvait provoquer des crises épouvantables. Celles-ci étant de plus en plus intenses, je ne pouvais m'imaginer célébrer Noël en toute quiétude auprès des miens. Juste à y penser, je sentis ma gorge se nouer. Je continuai tout de même à relater les dernières crises de Marie-Claude. J'entendais ce que je disais, mais je n'arrivais pas à y croire... « *Paranormal, âme, entités, ostéo, personnalité multiples, psychiatrie...* » Ces mots tourbillonnaient dans ma tête et je n'arrivais plus à y voir clair. C'était devenu trop dur à vivre et j'avais vraiment besoin qu'on m'aide...

Après que j'aie versé quelques larmes, il y eut un long silence que Marie-Claude interrompit. Elle vint s'asseoir sur moi et ses cheveux effleurèrent mon visage. Les yeux clos, je humai son odeur, comme si puiser à la source m'aidait à ne pas sombrer. Michaël fit quelques jeux avec Marie et me laissa à mes pensées. À la fin de la rencontre, il m'assura que ma fille avait un développement normal pour son âge et qu'à la lecture de son champ vibratoire, il avait eu la confirmation qu'*un processus de purification profonde** était nécessaire. Les yeux grands ouverts, je me demandais bien ce que cette purification allait impliquer, mais je devais patienter. Michaël devait partir et il voulait me revoir seule pour m'expliquer les différentes étapes du processus avant de procéder. Nous avons conclu de nous revoir le lundi suivant, soit le 20 décembre.

Le choc de la première rencontre avec Michaël était passé et les journées suivantes semblaient interminables.

---

*   Ninon Prévost et Marie Lise Labonté, *La guérison spirituelle angélique*, Éditions Shanti, p. 67.

L'agitation des enfants de la garderie et les multiples courses à finir pour la grande fête de Noël m'aidèrent cependant à rester « branchée » aux activités quotidiennes. Pourtant, dès que mon esprit était plus libre, je vagabondais avec l'espoir d'une vie plus calme et sans crises. Cet espoir m'aidait à tenir le coup, mais me remémorant l'issue de la rencontre avec Johanne, je n'osais pas me faire trop d'illusions.

C'est toujours aussi divisée que je me présentai à notre deuxième rencontre. La porte du bureau de Marielle était entrouverte et Michaël m'attendait. À peine entrée, l'énergie apaisante du bureau fit son œuvre. Je commençai à croire que mon inconscient avait associé cet endroit à un havre de paix et qu'en y mettant les pieds, mon corps se détendait. C'était instantané. Michaël m'accueillit chaleureusement et m'invita à m'asseoir.

Il commença par me dire qu'il était intervenant en har-monisation spirituelle et il me demanda si j'étais à l'aise avec cette approche. Surprise, je m'entendis répondre que j'étais tout à la fois ouverte et craintive, mais que malgré mes peurs, je désirais réellement me rendre au bout de cette démarche. J'étais rendue trop loin pour reculer et pour rien au monde, je n'abandonnerais maintenant. Je devais tout tenter pour aider ma fille. Convaincu, il continua de parler. Croyant que j'allais entrer en transe, je prenais de grandes respirations et je me demandais à quel moment il allait m'inviter à m'étendre sur la table de traitement. Contre toute attente, il déclara que l'har-monisation spirituelle se ferait avec Marie-Claude, mais qu'auparavant, je devais bien comprendre l'implication d'un tel processus. Soulagée, je me calai au fond du fauteuil ! Voilà qui commençait bien la rencontre. Je pouvais me détendre et écouter attentivement.

De but en blanc, il m'affirma qu'il y avait deux âmes errantes et une «forme pensée» dans le champ vibratoire de Marie-Claude. J'eus des frissons. Il m'expliqua que le corps physique n'est pas le seul corps que nous avons.

> *L'être humain possède, en plus de son corps physique, sept autres corps plus subtils qui l'entourent: les corps éthérique, émotionnel, mental, astral, supra-astral, céleste et le corps de lumière. Tous ces corps interreliés s'interpénètrent à partir du corps physique et s'étendent à partir de celui-ci, tout en maintenant leur propre fréquence. On peut se représenter les corps subtils, invisibles à l'œil nu, comme des enveloppes successives de Lumière et d'Énergie, s'imbriquant les unes dans les autres**.

À la lecture des corps subtils, Michaël avait perçu la forme pensée cristallisée dans le champ vibratoire de Marie-Claude. En fait, il m'expliqua que la forme pensée est un résidu générationnel que Marie-Claude avait transporté avec elle de ses vies passées.

Comportant une certaine lourdeur, la forme pensée de Marie-Claude favorise davantage l'émergence de certaines croyances telles que «la vie est dure...», «Il faut se méfier...». Ces croyances influencent malheureusement sa personnalité dans sa vie actuelle. Elle est arrivée sur Terre avec ce lourd bagage, mais Michaël, lui, pouvait, avec l'accord de son âme, transmuter cette forme pensée en des croyances plus optimistes. Ce qu'il disait ressemblait étrangement à ce que Johanne m'avait expliqué. Nous n'étions pas qu'un corps et qu'une personnalité, mais le résultat de nos choix et croyances de jadis.

---

*   Ninon Prévost et Marie Lise Labonté, *La guérison spirituelle angélique*, Éditions Shanti, p. 31.

C'est en lui faisant part de mon expérience avec Johanne que tout s'éclaira. Lorsque je lui racontai que Johanne avait demandé à *l'âme qui habitait le corps de Marie-Claude* de se présenter (dans l'intention de quérir de l'information, de guérir ou de transmuter les pensées) et que j'avais eu une frousse terrible, il déclara :

– *L'âme de ta fille n'est pas complètement intégrée dans son corps physique. Elle entre et sort continuellement, laissant parfois le champ libre. Comme deux âmes errantes sont collées à son champ vibratoire, elles passent leurs influences à travers le corps de Marie-Claude. C'est l'une d'elles qui s'est présentée à toi, et non l'âme de ta fille.*

Un torrent d'émotions m'envahit. Les présences que j'avais senties et ces yeux abominables existaient vraiment... Ce que j'avais longtemps redouté était réel... Les morceaux du casse-tête se plaçaient et des images déferlaient devant moi. Je revis ces yeux, cette énergie maléfique, j'entendis cette voix grave qui n'était pas celle de ma fille... Toutes les fois où elle s'est automutilée, où elle pourchassait son frère en voulant le blesser... des images d'horreur dignes d'un film, mais contrairement à tout ce qu'on avait pu penser, ce n'était pas de la fiction... Si seulement Éric était là...

J'étais seule avec Michaël, et heureusement, il compatissait à ce que je vivais. Il disait comprendre ce que je ressentais : c'était beaucoup d'informations et ça pouvait déranger certaines croyances que j'avais eues jusqu'à maintenant. C'était normal que j'en sois ébranlée. Il m'assura que je n'étais pas folle, que je n'étais pas seule, et sincèrement, je fus soulagée. Malgré les apparences, j'étais sur la bonne voie et entourée de lumière. La bonne nouvelle dans tout ça était que l'âme de ma fille ne sortait pas directement de l'enfer... Celle que je craignais et qui me faisait peur n'était pas ma fille... Ce n'était pas elle, ce n'était pas de sa faute...

Mon cœur battait à un rythme accéléré, et malgré ma peur des âmes errantes, je voulus en savoir davantage. Mais d'où venaient-elles? Que voulaient-elles? Michaël exposa le fait que nous étions entourés d'âmes errantes; elles pouvaient être partout et bien souvent, sans danger réel.

Un fantôme est créé lorsqu'un esprit n'entre pas dans le tunnel au moment de sa mort. Il se peut qu'il ait vu le tunnel, mais qu'il s'en détourne ou encore qu'il refuse d'admettre son existence. Ces deux situations font que l'esprit reste enfermé, hors de son corps entre notre dimension et la dimension de L'AU-DELÀ*.

Souvent, à la suite d'une mort tragique, ces âmes ne savent même pas qu'elles sont décédées et elles s'insèrent dans le champ vibratoire des enfants dans le but de communiquer leur détresse. Elles sont perdues, tristes ou fâchées d'avoir quitté ce bas monde, mais peu importe les raisons, elles errent ainsi sur le plan terrestre jusqu'à ce qu'elles retrouvent le Divin. Habituellement, une personne dont l'âme est bien enracinée dans le corps physique, par sa lumière divine, éloigne les âmes errantes. «Irradier sa lumière» prenait un sens nouveau à mes yeux.

– Mais pourquoi l'âme de Marie-Claude ne s'est-elle pas complètement intégrée? Pourquoi fallait-il que ces âmes se collent à elle?

Pour répondre avec précision à ces questions, il aurait fallu entamer d'autres processus, mais là n'était pas le besoin

---

*   Sylvia Browne, *La vie dans L'AU-DELÀ – Le voyage d'un médium dans l'après-vie*, Éditions Ada Inc., p. 74.

réel. Selon Michaël, l'âme de Marie aurait été hésitante à s'incarner à nouveau. Ayant choisi son plan de vie avec ses guides, elle aurait été confrontée à la peur de souffrir sur le plan humain. Le fait d'avoir été étranglée dans le col de mon utérus au moment de la naissance, n'avait probablement fait qu'activer cette peur et l'avait contrainte à quitter son enveloppe charnelle. Je comprenais de plus en plus tout ce qui s'était passé, mais l'important à ce stade-ci n'était pas de comprendre le pourquoi mais le comment de la libération. L'urgence d'intervenir bouillonnait en moi.

– *Que peut-on faire, Michaël? Dis-moi qu'on peut faire quelque chose... On ne peut pas la laisser ainsi.*

Avec son calme habituel, il me dit qu'il allait revoir Marie-Claude, tenter de la libérer de la forme pensée et des âmes errantes présentes dans son champ vibratoire. Par la suite, il inviterait son âme à intégrer complètement son corps physique. Il ne pouvait que guider, le reste appartenait à l'âme de ma fille. Nous étions lundi soir et nous prîmes un rendez-vous pour le mercredi suivant. La vie de Marie-Claude était ni plus ni moins entre les mains de son âme. Inquiète, je quittai la pièce, mais avant de refermer la porte, Michaël me rappela à l'ordre.

– *N'alimente pas la peur, Anick... Fais confiance au pouvoir de l'amour et de la lumière. En arrivant chez toi, impose tes mains au-dessus de Marie-Claude et enveloppe-la de lumière blanche dorée. C'est ce qu'il y a de mieux à faire pour le moment.*

«*Ne pas alimenter la peur, ne pas alimenter la peur*»,... Et si une âme errante était avec moi dans la voiture? Elles étaient partout, avait-il dit. Malgré le froid glacial, je baissai ma fenêtre, je mis la musique au plus fort et j'allumai les lumières dans la voiture. J'étais incontestablement ébranlée. «*Ne pas alimenter la peur*»...

À mon retour à la maison, Éric m'attendait au salon, et tout en pliant des vêtements, il écoutait la télévision. Les enfants étaient couchés, le lave-vaisselle en fonction et les lumières tamisées. La réalité du train-train quotidien contrastait lourdement avec mon état d'âme. Sur un ton banal, comme s'il m'avait demandé si j'aimais ma coupe de cheveux, Éric voulut savoir comment s'était déroulée la rencontre. Tentant de faire appel à mon sens commun, je voulus lui relater les grandes lignes mais aucun mot ne sortit de ma bouche. Comment expliquer simplement les choses quand j'avais moi-même du mal à saisir la réalité de ce qui se passait? Comment lui faire ressentir ce que j'avais vécu? Lui faire comprendre que je nageais en pleine tempête, perdant mes repères? Non, il ne pouvait pas comprendre... Je lui dis seulement que j'étais fatiguée et que je devais monter voir Marie-Claude.

Les marches semblaient interminables, et c'est morte de peur que je me suis retrouvée à côté du lit de ma fille. Dans la chambre, tout était calme. Trop calme pour moi... Il faisait noir, et seule la porte entrouverte laissait passer un mince rayon de lumière. Je regardais sa chambre et je la voyais avec d'autres yeux. Je me rappelai le nombre de fois où j'avais cru ma fille possédée ou en contact avec des âmes errantes. Mon intuition ne m'avait pas trompée... Mais là, ce n'était plus une intuition, c'était réel. Elles étaient là... sous mon toit... tout près de ma fille...

Les mots «amour» et «lumière» résonnaient dans ma tête. Oh! que oui! Je l'aimais ma fille... Je l'aimais tellement que j'en avais mal. Les yeux rougis par les larmes, les mains tremblantes, j'imposai mes mains au-dessus de son corps endormi. Je m'efforçais de visualiser la lumière blanche dorée qui éloignait l'ombre, mais l'ombre me rattrapait... Je sentais des présences derrière moi et des frissons longeaient ma colonne vertébrale. *Ne pas nourrir la peur...* mais le sol semblait se dérober sous mes pieds. J'avais le souffle court et la pièce tournait sur elle-même. Ne pouvant plus en supporter davantage, je me précipitai dans le corridor. Totalement hystérique, je cherchai à m'appuyer. Une main sur le mur, je me laissai glisser sur le tapis et je pleurai à fendre l'âme. Le temps d'un instant, Éric était devant moi, complètement abasourdi. Il s'approcha et voulut me prendre dans ses bras.

— *Ne me touche pas!*

— *Ben voyons, mon amour, qu'est-ce qui se passe...?*

— *Va-t'en... **Va-t'en** je te dis...* lui hurlai-je.

— *Je ne pars pas, Anick, je suis là...*

— *NON, tu n'es pas là, c'est pas vrai... Tu n'es jamais là...*

— *Anick ...*

— *Non, c'est assez... Pas une fois tu n'es venu au rendez-vous, pas une fois tu n'as été là... C'est toujours moi qui interviens, c'est moi qui suis constamment confrontée et qui me bats pour notre fille. Tu ne veux pas t'impliquer parce que ça te fait peur, mais moi aussi, j'ai peur Éric... Est-ce que tu peux comprendre ça? J'ai peur à en mourir... Tu dis être là, mais je suis rendue à des kilomètres de toi et tu ne t'en aperçois même pas...*

Ces mots m'avaient échappé, mais ils n'étaient que l'amère réalité. Nageant à contre-courant, nous avions malheureusement fini par échouer sur des rivages opposés. Atterré, Éric digérait ce que je venais de lui dire et, tenant sa tête entre ses mains, il lança un cri du cœur que je ne voulus pas entendre.

– Je fais ce que je peux, Anick, tout ce que je peux...

Un silence horrible régna entre nous et pour la première fois en six ans, nous fîmes chambre à part.

À mon réveil, Éric était parti. Le cœur lourd, je me levai et je commençai ma journée : un changement de couche pour Ariane, un déjeuner pour Cédrik, des lulus pour Marie et l'accueil des enfants de la garderie. Ces actions quotidiennes et le contact avec les enfants m'aidèrent énormément à revenir sur Terre. Peu à peu, l'impression d'être ailleurs se dissipa mais je n'étais pas au mieux de ma forme. Marianne, une maman qui venait reconduire son fils à la garderie, s'aperçut de mon malaise. Cette femme d'un dynamisme incroyable avait pris l'habitude de rester quelques minutes, le matin et le soir, et une certaine complicité s'était développée entre nous. C'est pourquoi lorsqu'elle me demanda ce qui n'allait pas, je ne fus pas surprise. Elle avait ce don de lire en moi et ce, sans même que j'aie à dire quoi que ce soit. Spontanément je lui avouai que j'aurais bien aimé que mon mari ait ce même don de clairvoyance à mon sujet, mais force était d'admettre qu'il en était autrement. À la blague, elle me dit que c'était mission impossible.

– C'est un homme, ma belle, il faut tout expliquer si on veut se faire comprendre...

Nous rîmes un bon coup et cela me fit du bien. Après une promesse d'aller prendre un café avec elle très bientôt, je redescendis au sous-sol où mes joyeux compagnons m'attendaient pour débuter la ronde des chansons. La journée se déroula beaucoup mieux qu'elle avait commencé, et le soir venu, Éric rentra à la maison... de bonne humeur. Il jouait avec les enfants et il agissait comme si rien ne s'était passé. Je savais, par son attitude, qu'il regrettait l'incident de la veille.

Lorsque Éric était vraiment fâché, il boudait et il évitait mon regard, mais ce soir-là, il chercha à savoir comment j'allais. Au moment de se mettre au lit, un certain embarras fut perceptible. Il vint me rejoindre sous les couvertures et un long silence suivit. Ni lui ni moi n'osions parler, mais lorsque ses bras vinrent m'entourer, nous laissâmes nos corps avoir la plus belle des conversations.

Le lendemain, lorsque j'ouvris les yeux, un petit mot était sur l'oreiller. Il y était inscrit «JE» Ce petit code secret, qui voulait dire «je t'aime», mit un sourire sur mes lèvres et me donna l'énergie nécessaire pour faire ma journée. Nous n'avions pas abordé le sujet de notre dispute, mais je savais que ça viendrait... Nous avions besoin de digérer tout ce qui se passait et ma priorité pour le moment était ma fille. Une grande soirée nous attendait... Nous avions rendez-vous avec Michaël.

Lorsque je me pointai, à l'heure convenue, une énergie différente émanait du bureau de Marielle. L'odeur d'encens qui flottait dans la pièce et les lampions allumés me faisaient prendre conscience du caractère particulier de cette rencontre. Au premier abord, ces symboles me mirent mal à l'aise, mais très rapidement mes résistances tombèrent. Je laissai l'énergie m'emplir... J'avais confiance en Michaël. Au plus profond de mon cœur, je réaffirmai ma foi et je lui confiai ce que j'avais de plus précieux, mon enfant.

Tout juste avant d'entrer dans le bureau, je pris Marie-Claude dans mes bras et je lui fis une énorme caresse. Collée contre elle, je demandai à son âme de bien vouloir nous entendre...

Marie se faisait une joie de revoir Michaël. Elle se jeta dans ses bras et demanda à quel jeu ils allaient jouer.

Refermant la porte derrière nous, il lui dit qu'ils s'amuseraient à imiter les arbres. Elle était très excitée et elle prenait plaisir à recevoir toute cette attention. « Faire l'arbre » est un exercice d'enracinement de l'âme. L'objectif est de visualiser des racines sortant des pieds et s'enfonçant au plus profond de la Terre. Bien enraciné dans le sol, rien ne peut venir à bout de cet arbre. Les bras devenus des branches dansent au gré du vent et les pieds, bien solides, doivent demeurer au sol. Les yeux fermés, Marie-Claude s'exécutait, mais elle perdait à tout coup l'équilibre. Sachant ce qui s'en venait, Michaël tenait à l'enraciner du mieux qu'il pouvait, mais l'exercice fonctionnait plus ou moins. Marie-Claude commença même à s'agiter... Après quelques minutes, elle détourna le regard et se mit à marcher autour de la table de traitement. Elle faisait complètement abstraction de notre présence et elle se mit à marcher d'un pas de plus en plus rapide. Elle tournait sans cesse et plus elle tournait, plus son expression changeait... J'étais sidérée. Michaël me regarda et me fit un signe de la tête : tout allait commencer...

La main ouverte vers le ciel et l'autre sur le cœur, il récita *la prière de la lumière**;

- *Nous sommes lumière;*

- *la lumière est en nous;*

- *la lumière passe à travers nous;*

- *la lumière nous enveloppe;*

- *la lumière nous entoure;*

- *la lumière nous protège;*

- *nous sommes lumière.*

---

* Marie Lise Labonté, *Les anges Xedah*, Éditions Louise Courteau, p. 96.

Michaël s'approcha de Marie-Claude, mais subitement, elle se dirigea vers la fenêtre et réussit à l'ouvrir. Il la referma aussitôt. Affolée, elle regarda partout, comme si elle cherchait à s'échapper. Ce n'était plus ma fille, je le savais. Profondément inquiète des assauts qui pouvaient survenir, je retenais mon souffle. Il m'était difficile de rester immobile, mais étrangement, je sentais que ce n'était plus de mon ressort. J'avais la nette impression qu'un duel se déroulait devant moi et que subtilement, un combat était engagé entre Michaël et ces âmes errantes. Malgré sa résistance, il prit Marie-Claude et la déposa sur la table de traitement. Rapidement, il invoqua la présence de Jésus... de Marie... et de l'archange Michaël. Marie-Claude s'agita encore plus... Tout se déroulait à une vitesse incroyable et mon cœur battait la chamade. Je me demandais comment j'allais parvenir à rester calme quand la voix forte et puissante de Michaël me cloua sur place.

– Je commande aux entités de quitter les corps de Marie-Claude immédiatement.

Crispée et les traits tendus, Marie-Claude se faisait violence. La lutte entamée paraissait difficile et Michaël fut pris de soubresauts à plusieurs reprises. Soulevée par tant d'énergie, mon corps se mit à trembler et péniblement, j'observais de loin. Vraisemblablement, l'enfer se déchaînait autour de moi... Prenant des allures d'un exorcisme, ce que je vis et entendis m'ébranla au plus haut point.

– Je commande aux entités de partir vers la lumière IMMÉDIATEMENT...

La puissance énergétique qui se dégagea alors me fit tressauter, et n'ayant pas le temps de réaliser ce qui se passait, je me suis sentie frappée de plein fouet. Mon corps était comprimé et je n'arrivais plus à respirer. Une charge énorme, lourde et puante m'écrasait. Au fond du fauteuil, les yeux écarquillés, je suppliais Michaël du regard... Aussitôt, face à moi, il ordonna à nouveau aux entités de partir... C'était douloureux, effroyable puis, ... plus rien. Soudain, le calme plat, un trou... un vide... une immense boule d'émotions m'envahit. Je pleurai abondamment...

Je n'arrivais pas à croire ce qui s'était passé. Je les avais senties, ces entités étaient réelles... Michaël m'avait dit qu'elles étaient là et je l'avais cru... mais pas une seule seconde je ne m'étais imaginée ressentir en moi la puissance qu'elles possédaient. C'est indescriptible et épouvantable. Elles étaient passés à travers mon corps... Je me sentais violée, ravagée et tellement pleine de haine...

Je les détestais pour ce qu'elles nous avaient fait subir et pour tout le mal qu'elles avaient fait à ma fille... Ma fille... MA FILLE ! Réveillée de cet engourdissement causé par le passage des âmes errantes, anxieuse je cherchai son regard. Où était-elle ?

Elle était là, étendue sur la table de traitement, les yeux fermés, Michaël à ses côtés. Les mains au-dessus de son corps, il faisait des mouvements circulaires. Concentré, il semblait en communion avec l'au-delà... Une paix indescriptible irradiait autour d'eux. La haine et l'inquiétude se dissipèrent instantanément. C'était magnifique et je laissai l'amour m'inonder de son essence. En douceur, Michaël se tourna vers moi et m'invita à les rejoindre. Émue, je m'approchai délicatement.

– *Anick... je te présente ta fille, habitée par son âme... pleine de lumière et libre...*

Des larmes de joie déferlèrent, et envoûtée par le visage de ma fille, tel un ange au repos, je lui embrassai le front. Ses cheveux mouillés et ses joues brûlantes témoignaient d'un long parcours parsemé de peur et de violence, mais qui, par l'univers magique et mystérieux de la spiritualité, devait mener à sa réalisation ultime : le retour à la lumière.

Je pris Marie-Claude encore endormie dans mes bras et je rentrai à la maison. Ma fille avait trois ans et sept mois, mais elle naissait à sa propre vie.

Noël 1999

Nous avions loué un chalet, et pour la première fois depuis longtemps, j'étais en paix. Fêter la naissance de Jésus, fêter l'amour m'apparaissait la plus belle célébration du monde. Cédrik et Ariane étaient enjoués, Marie-Claude, encore épuisée, nous regardait attentivement. La transformation était inouïe. Elle avait dormi deux jours complets. Éric et moi avions tout d'abord été inquiets, mais au téléphone, Michaël nous avait rassurés. «*Son corps était à la merci des âmes errantes. Elle a trois ans et demi à récupérer... Donnez-lui le temps de se remettre, c'est tout à fait normal.* » À l'occasion, nous allions la réveiller pour lui donner un petit peu d'eau et elle se rendormait aussitôt. Je passais beaucoup de temps auprès d'elle. Je la regardais dormir et je remerciais son âme de sa présence. Marie-Claude semblait épuisée, à la limite d'un état comateux. Je réalisai que je ne pourrais jamais vraiment comprendre tout ce qu'elle avait pu endurer pendant presque quatre ans, mais je compatissais. Comme elle, j'avais senti ces âmes, quelques secondes à peine, mais c'était bien suffisant pour me faire réaliser l'ampleur de leur puissance et le degré de fatigue que leur passage pouvaient laisser. Malgré l'intolérable sensation que tout cela provoque, j'étais reconnaissante de cette expérience, car je pouvais comprendre son besoin de dormir, de se détendre et de récupérer. Libérée, elle pouvait finalement se laisser aller à un sommeil profond en toute quiétude. Après plus de quarante-huit heures de repos, elle nous a fait cadeau de sa présence. À son réveil, déjà, elle dégageait quelque chose de différent, de plus calme, de plus paisible. Même ses traits semblaient s'être relâchés et ses yeux étaient plus lumineux. C'était un pur bonheur de la voir ainsi. Nous la regardions sans arrêt et nous prêtions attention aux moindres signes inhabituels. Sa voix était plus posée, même sa démarche se faisait plus en douceur. Elle nous regardait dans les yeux lorsqu'on lui parlait et elle entrait vraiment en contact avec nous. La veille de notre départ pour le chalet, Marie-Claude était couchée sur moi et regardait la télévision. Je me rappelle du contact chaleureux que nous avions et du bonheur ressenti à ce moment-là. Elle était concentrée sur les bonshommes animés et à brûle-pourpoint, elle me dit tout bonnement: «Merci, maman». Émue, je la regardai et son visage angélique, ses yeux bleu ciel me transpercèrent pour atteindre mon âme. Nous étions en communion... Ce fut mon plus beau cadeau.

Le jour de Noël fut ponctué d'activités de toute sorte: patinage, glissades, visite du père Noël avec ses nombreux cadeaux. Marie-Claude s'amusait vivement, et dans la cohue de la parenté, tout se déroula à merveille. Pas une seule fois, je n'intervins. Bien enracinée dans toute cette effervescence, ma fille était à son aise. Elle développait ses cadeaux, riait et jouait avec son frère et sa sœur. Loin d'être excitée et hors contrôle, lorsqu'elle ressentait le besoin de se reposer, elle allait rejoindre son père et s'endormait sur lui. Ce comportement nouveau nous émerveilla. Éric me regardait et d'un clin d'œil, tout ému, il me faisait savoir sa joie d'avoir sa petite fille, merveilleusement en paix, blottie au creux de ses bras.

Et en cette nuit de Noël, je pensais avoir atteint le summum du bonheur, mais tout juste avant d'aller dormir, Éric me prit dans ses bras.

— *J'ai un dernier cadeau pour toi...*

Il sortit une petite boîte et me la tendit. En l'ouvrant, mon cœur chavira... Un magnifique voilier sur une broche or et argent se présentait sous mes yeux. Ce qu'il me dit ensuite m'alla droit au cœur.

— *On est sur le même bateau, toi et moi... Tu te souviens... Merci pour tout ce que tu as fait pour notre famille... Je n'ai pas toujours su naviguer et tu as parfois eu l'impression que je quittais le navire, mais jamais je ne vous ai abandonnés... Tu sais, Anick, je ne peux te promettre mer et monde, mais si tu me donnes une rame, je te promets de pagayer avec toi...*

Mon être tout entier vibrait d'amour. Émue, je l'embrassai tendrement et passai la plus belle nuit de Noël qui soit.

Une ère nouvelle, janvier 2000

Ce congé de Noël passé auprès des miens me fit le plus grand bien. Tous les jours nous découvrions quelque chose de nouveau avec Marie-Claude et la joie de ne plus avoir de crises était incommensurable. Nous nagions en plein bonheur. Être loin de la maison, se promener dans le bois et profiter des plaisirs de l'hiver nous dépaysaient et favorisaient l'espoir d'une nouvelle vie plus heureuse et unie. La guérison de Marie-Claude m'apparaissait une fin en soi, mais je n'avais pas réalisé l'impact que tout ceci avait laissé sur moi. Une telle expérience ne peut survenir sans laisser de traces et je devais apprendre à gérer tout ce que j'avais appris.

Le retour à la maison ne fut pas facile. Les images d'horreur, la peur et l'inquiétude étaient imprégnées dans chacune des pièces de la maison. Je ne pouvais oublier tout ce qui s'était passé, et même l'harmonisation qui avait eu lieu me semblait parfois irréelle. J'avais beau me concentrer sur les progrès de Marie-Claude, il n'en restait pas moins que je devais tout de même réapprendre à connaître ma fille. Malgré son âge, il lui arrivait d'agir comme un nouveau-né qui réclame sa mère: elle demandait à ce qu'on lui donne sa nourriture à la petite cuillère, elle voulait qu'on la fasse boire et on pouvait la bercer des heures durant. C'était un plaisir pour moi de lui prodiguer ces soins, mais elle n'était plus un nouveau-né et je me demandais combien de temps il faudrait avant qu'elle puisse rattraper toute l'affection qui lui avait été volée... Était-il possible de tout rattraper? J'avais des doutes. S'il est vrai que tout se joue avant cinq ans, il m'était difficile d'imaginer ce que les quatre premières années de sa vie lui avaient laissé comme empreintes...

À un moment où j'aurais dû me réjouir de notre victoire, j'étais assaillie de peine, de remords et de craintes que tout recommence. Je me rappelle avoir appelé Michaël en panique parce que Marie avait un regard sombre et disait avoir vu des fantômes dans son garde-robe. Michaël s'était empressé de venir chez moi et m'avait trouvée dans le haut de l'escalier, repliée sur moi-même, complètement paralysée par la peur. Il m'avait écoutée, consolée et rassurée sur l'état de Marie-Claude.

– *Ta fille va bien, Anick, tu dois décrocher... Retourne à tes livres, regarde le développement de l'enfant, tu connais... Il est normal de faire des cauchemars... d'avoir peur...*

Ces mots eurent comme effet de me fouetter. Il avait raison... En basculant dans le monde des âmes, j'avais oublié l'enveloppe physique et la personnalité. J'étais obsédée par la possibilité qu'une entité de l'ombre puisse se manifester, j'étais constamment aux aguets des conversations de Marie-Claude au point que j'en oubliais le monde concret dans lequel je vivais. J'avais perdu le plaisir à faire des choses simples comme manger, marcher, jardiner et m'amuser avec les enfants. Je devais revenir à mon sens commun et trouver l'équilibre entre le Ciel et la Terre. Ce fut un grand défi.

Pour me rassurer, Michaël installa ce qu'on appelle des puits de lumières énergétiques. Il était grand temps de réharmoniser les énergies de la maison que les entités avaient perturbées. Chaque pièce de la maison contenait son puits de lumière, et à ma demande, deux puits furent installés dans la chambre de Marie-Claude. L'ombre ne tolérant pas la lumière, tout résidu serait purifié, et s'il restait des âmes errantes, elles n'auraient d'autre choix que de partir. L'âme, toujours libre, pouvait également se diriger vers la lumière où ses guides seraient là pour l'accueillir. Le grand nettoyage était commencé : ma fille allait bien, la maison éclatait de lumière, et psychologiquement, j'allais déjà mieux. Pourtant, la guérison ne pouvait être complète sans que l'ensemble de la famille soit également en harmonie. En effet, chacun de nous ayant vécu des moments difficiles, il pouvait y avoir des blessures ou des peurs cristallisées qui se devaient d'être puri-fiées. Tant qu'à purifier, je voulais que tout soit fait pour notre mieux-être.

Un après-midi, Michaël vint à la maison et rencontra toute la famille. Éric, très nerveux, me faisant un clin d'œil, m'avoua « pagayer » très fort... La rencontre se déroula mer-veilleusement bien et Marie-Claude s'élança dans les bras de Michaël. Il fit le tour de la maison et me confirma à nouveau que tout était très lumineux. J'en étais enchantée. Il s'avéra que Cédrik était un petit bonhomme très bien enraciné ; je n'avais pas à m'inquiéter pour lui. Il avait la force et l'ancrage nécessaires pour passer à travers bien des choses, et grâce à sa capacité d'enracinement, il avait été épargné par les âmes errantes et il avait même, inconsciemment, soutenu Marie-Claude dans ses épreuves. Ce n'est pas pour rien qu'il parta-geait la même chambre et une telle complicité. Quand Michaël arriva tout près d'Ariane, il fut particulièrement séduit par la pureté de son âme. « *Elle est un ange descendu du ciel ; ce n'est pas un hasard s'il y a eu guérison karmique dans cette famille...* » Quant à Marie-Claude, son âme habitait tou-jours son corps ; nous devions seulement continuer à l'en-tourer de lumière et à la rassurer dans son choix d'incarnation.

Pour ce qui est d'Éric, tout comme son fils, il est solidement enraciné et doté d'une belle énergie. Sa présence dans ma vie m'aidait à garder les pieds sur Terre, et à sa façon, il protégeait l'équilibre familial. «*N'hésite pas à te coller sur ton mari, c'est très bénéfique pour toi*», m'avait dit Michaël. Éric, tout sourire, semblait apprécier les conseils de Michaël. Vers la fin de la rencontre, nous discutâmes et il devint clair que la maison était purifiée; Cédrik, Marie-Claude, Ariane et Éric l'étaient également. Hormis mes légères améliorations, plusieurs peurs étaient cristallisées en moi et plus qu'une simple purification, une déprogrammation m'était nécessaire. Ma «*réhabilitation*» devait commencer.

Les mois suivants furent donc consacrés à plusieurs traitements énergétiques et à différents ateliers de méditation. J'appris à m'enraciner, à méditer et à travailler avec la lumière. Le monde des âmes n'était pas habité que par l'ombre, au contraire. Des entités de lumière le peuplaient également. Ma porte d'entrée à l'ouverture spirituelle s'était faite dans l'intention de chasser l'ombre, mais aujourd'hui, je découvrais tout le potentiel de la lumière pour guérir, évoluer et vivre le quotidien. Faire appel à nos guides spirituels qui nous accompagnent tous les jours, leur faire confiance, leur donner nos peines et nos joies, leur confier nos plus grands rêves et vivre pleinement sa mission, voilà ce que j'apprenais à faire. Laisser tomber les masques, revenir à l'essentiel, aimer et être aimée... J'apprenais beaucoup et cette nouvelle dimension qui se présentait à moi me comblait. Éric jouissait du calme revenu à la maison et il profitait des petits bonheurs familiaux que nous cultivions. Il s'intéressait à mes lectures et aux ateliers auxquels je participais. À l'occasion, il se joignait même à moi pour une méditation. Tous les jours, Marie-Claude faisait l'arbre et je m'amusais à faire le vent qui soufflait à travers ses branches. Elle était bien enracinée. Avec le temps, une harmonisation du troisième œil devint essentiel et eut pour effet de développer mon ressenti. Dès que Marie-Claude se déracinait tant soit peu, je le sentais dans tout mon corps, et rapidement, je traçais un cercle de lumière sur le plancher. Je lui prenais la main et ensemble nous pénétrions à l'intérieur. Confortablement assises, mes mains sur ses cuisses, nous nous enveloppions de lumière. Ces petits rituels et nos visites à la boutique *L'Essence Ciel*, où Marie-Claude fouinait dans tous les recoins à la recherche d'un nouveau toutou qu'elle appelait affectueusement son ami ange, nous unissaient au-delà de la complicité terrestre. J'aimais la prendre dans mes bras, l'entendre rire aux éclats et l'observer dormir paisiblement. Tranquillement, les peurs se dissolvaient et je reprenais peu à peu mon pouvoir sur ma vie. Mais malgré tout, Marie-Claude demeurait au cœur de mes préoccupations.

Un an plus tard, aucune autre crise n'était survenue.

Pourtant, cette année-là ne fut pas de tout repos pour Marie-Claude. Elle grandissait et s'amusait comme toutes les autres petites filles de son âge, mais nous devions l'aider à assumer sa personnalité qui avait été ébranlée par la présence des âmes errantes. N'étant plus sous leur influence, maintenant bien enracinée et son âme bien présente, elle devait intégrer complètement qui elle était. Elle apprenait à respecter des consignes, elle faisait la différence entre le bien et le mal, et surtout, elle apprivoisait son corps. Se reposer quand son corps le demandait, faire de l'exercice pour bien canaliser les énergies, apprendre à s'exprimer par des mots et bien les prononcer, ne sont qu'une infime partie de ce qu'elle eut à accomplir.

Tout au long de l'année précédant son entrée à la maternelle, elle vit Michaël pour différents exercices, elle s'enracina avec moi, elle continua ses traitements avec Marielle et elle vit une orthophoniste régulièrement pour aider à rétablir son élocution. Elle travaillait fort et ce, sans broncher. Je l'admirais vraiment...

Entre-temps, j'avais fermé la garderie et obtenu un poste comme enseignante au collège en Technique d'éducation à l'enfance. C'était le travail rêvé qui me permettait d'allier mes deux passions : les enfants et l'enseignement. La vie reprenait son cours normal. Il m'arrivait de sentir des présences ou de pressentir des choses, mais je n'avais plus peur. Toujours enracinée, je pouvais les faire partir. Consciente de ce monde en parallèle, je lisais toujours sur le sujet, mais dans un seul et unique but : l'intégrer à ma vie actuelle, une vie terrestre et ses plaisirs connexes. Ce que j'avais vécu avec ma fille m'avait fait réaliser la précarité de la vie, et « Vaut mieux prévenir que guérir » était ma devise.

Pourtant, à chacun des grands évènements de la vie de Marie-Claude, je ne pouvais m'empêcher d'éprouver quelques craintes d'un surexcitement engendrant crises et problèmes. À mon humble avis, la maternelle arriva trop tôt, mais je me résignai à contrecœur. Je la laissai faire ses premiers pas dans cette petite société, et l'œil ouvert, je demeurai aux aguets.

Sous le poids de cette vigilance constante, j'alimentais mes peurs limitant ainsi mon évolution, notre évolution. Mais en cette première semaine de mars, l'Univers se chargea de mettre en place les évènements pour que je puisse enfin me laisser guider vers la vérité.

L'accident, mars 2003

Nous étions en pleine semaine de relâche scolaire, dans le bois (plus spécifiquement à Barraute), et nous profitions des joies hivernales. Bien installés au chalet de mes beaux-parents, nous visitions famille et amis, prenions de grandes marches, expérimentions la pêche sur glace et jubilions devant le feu de foyer. Les vacances au chalet sont toujours extraordinaires. Les enfants adorent l'endroit, Éric se retrouve chez lui et, à proximité de la nature, Marie-Claude est dans un état de bien-être évident. Inutile de dire que si mon monde va bien, je vais bien ; je suis aux anges.

L'appel de la nature et le goût de l'aventure incitèrent Éric à louer des motoneiges et une carriole pour les enfants.

— *Demain, nous passerons la journée en motoneige.*

Les enfants étaient fous de joie et ils eurent peine à se contenir jusqu'au lendemain.

C'était une journée magnifique, froide, mais splendide. Les sentiers de l'Abitibi ont ce don extraordinaire de vous res-sourcer en un seul coup d'œil. Le paysage est grandiose. Les arbres dansent au gré du vent, la neige chatouille les sentiers bien tapés par les motoneiges et le silence de la forêt procure un sentiment d'union avec la nature que je néglige trop souvent d'entretenir. Ces retrouvailles sont merveilleuses.

Seuls mes pieds complètement gelés me rappellent mon corps physique et la longue journée qui s'achève. Je profite du moment présent tout en observant le soleil qui s'apprête à trouver le sommeil.

Connaissez-vous les moments d'éternité?

Ma sœur me dit que c'est un moment où tout nous apparaît parfait. Un bonheur si intense nourrit le cœur, le corps et l'âme qu'on a l'impression que le temps s'est arrêté...

Et bien, c'est exactement ce que je vivais sur cette motoneige. Le temps s'est arrêté l'espace d'un moment pour me faire goûter au bonheur d'être en forêt avec ma famille.

C'est en respirant ce doux bonheur que je traversai un magnifique champ déboisé. C'était de toute beauté! La neige s'étendait à perte de vue et je m'abreuvais à ce splendide paysage. Quelques minutes encore et nous arriverions au chalet où un feu de foyer et un bon repas nous feraient le plus grand bien.

En pensant à la belle soirée qui nous attendait, je ressentis un malaise. J'avais mal au cœur et je me sentis étourdie. Une impression de déjà-vu m'habitait...

Soudain, apparut au loin une vieille cabane en bois abandonnée. Je ne voyais pas très bien... L'image semblait avancer et reculer... C'était flou... Pourtant cette cabane n'était pas là il y a quelques secondes!

Mais qu'est-ce qui se passait? Pourquoi cette vision?

Alors que la cabane s'avançait vers moi, une petite fenêtre me laissa distinguer trois petites têtes d'enfants à l'intérieur... Il y avait quelqu'un tout près, c'était une femme et elle s'approchait d'eux ...

J'ai des palpitations, je me concentre sur la route, mais la vision de la cabane me poursuit. Je ne me sens pas bien. Je continue à conduire la motoneige, mais je regarde à nouveau. Sans savoir pourquoi, je le sens, j'en ai maintenant la certitude, *ces enfants sont en danger!*

En une fraction de seconde à peine, je me sens projetée dans cette image et je parviens très difficilement à distinguer ce qui est réel de ce qui ne l'est pas.

– « *On dirait mes enfants... Mais il faut faire quelque chose...* »

La panique m'envahit, mais j'essaie de comprendre la situation... «*Je suis leur mère, je dois les protéger, mais je ne sais contre quel danger...* »

Tout se bouscule dans ma tête. Je tente de me raisonner en me disant que mes enfants sont avec leur père dans la carriole en avant de moi...

Mais pourquoi ça continue? Qu'est-ce qui se passe? J'ai chaud, j'ai peur. Je n'y comprends rien... Est-ce une hallucination... un souvenir de vie antérieure qui refait surface? ... une vision? Je n'ai jamais eu de vision. Mais qu'est-ce qu'on essaie de me dire?

Je ne me sens pas bien... Le soleil m'aveugle... *Respire Anick...* La neige tombe... *Concentre-toi Anick...* J'ai froid... *Regarde en avant, Anick... Regarde en avant* ...

Un bruit de tonnerre, un fracas, une douleur, une voix qui vient de loin... un hurlement.

– *Les enfaaants...*

Les cris d'Éric résonnent encore dans ma tête comme un écho venant de loin. Les images d'horreur défilent au ralenti. Je marche tant bien que mal vers *l'endroit*... Il est là, à genoux, le père de mes enfants. Il cherche et lance les débris qui lui tombent sous la main. Comme une étrangère je regarde ce qui reste de la carriole, des morceaux de fibre de verre sont étalés un peu partout sur le sentier. Ma motoneige est légèrement endommagée et elle s'est échouée sur le côté comme si on l'y avait stationnée...

La couverture qui *les* tenait au chaud brille dans la neige...

Non, mais qu'est-ce que j'ai fait? Qu'est-ce qui s'est passé?

Le cœur en lambeaux, mes yeux cherchent à l'infini leur regard... Où sont mes enfants... Je dois les voir, je dois les entendre...

Je veux mes enfants... les prendre... les toucher... Je veux les sentir...

Sous les nombreux débris, il ne reste plus rien. Plus rien à part un banc intact avec trois petits corps encore bien attachés. Éric les détache et soudain ils ouvrent leurs yeux et ils éclatent en sanglots.

– *Mamaaaan!*

Ce mot d'amour à l'état pur est un baume intérieur qui m'inonde d'un sentiment indescriptible, et pour chaque larme qui coule, il y a un «Merci Seigneur, merci grand-maman... grand-papa et tous les anges du ciel.»

– *Ah! mes amours... je suis désolée...*

– *Mamaaaan!*

— *Je suis désolée, tellement désolée...*

Ils sont vivants, ils sont là dans mes bras. Pas une seule égratignure, pas de membres blessés, que la peur dans leurs yeux et tant de caresses à donner!

Encore sous le choc, Éric voulait réagir, mais il ne savait pas par où commencer. Étant impuissant face à ma douleur, aux pleurs des enfants et à ce spectacle désolant, Éric sentit le désespoir et l'angoisse monter en lui.

— *Non mais, Anick, qu'est-ce que tu as fait?*

— *Je ne sais pas, chéri, je ne sais pas... je suis désolée...*

La panique, les larmes et la culpabilité m'envahirent. Le sol sembla se dérober sous mes pieds. Mon corps tremblait de peur et de douleur. C'est alors que Marie-Claude, nous regardant sans rien y comprendre, nous ramena à l'ordre.

— *Papa, chicane pas maman, elle n'a pas fait exprès.*

Je serrai davantage Marie-Claude dans mes bras pour la rassurer. Je me devais de la rassurer. Pourtant, les mots de Marie-Claude eurent comme effet de tous nous rassembler. Hystérie ou pas, il fallait bien s'en sortir.

Il y avait des débris partout et il commençait à faire noir. Il faisait froid et les enfants avaient peur. Éric proposa de se rendre au chalet puisque nous n'étions qu'à dix minutes de celui-ci. On pourrait ainsi se calmer et s'occuper du reste plus tard.

Comme il y avait très peu de dommages sur ma motoneige, on installa Marie-Claude derrière moi, Cédrik et Ariane allèrent sur la motoneige de leur père. Ce n'était pas des plus sécuritaires, mais sans la carriole pour les enfants, on n'avait plus le choix. Tout ce qu'on voulait, c'était rentrer au chalet bien au chaud. En appuyant sur la poignée de démarrage, un éclair de douleur transperça mon bras droit. Je ne pouvais plus bouger. La douleur était si intense que j'avais de la difficulté à respirer. Mon bras et mon visage commençaient à s'engourdir. Terrifiée à l'idée de paralyser, je me suis mise à paniquer.

Éric courut vers moi pour voir ce qui n'allait pas. Il tenta de me rassurer, mais rien dans sa voix n'indiquait que ça allait. La situation lui échappait et il restait là sans bouger. Je lui dis d'aller chercher du secours. Il devait faire vite, car je ne savais pas combien de temps encore je pourrais tenir le coup.

Il était maintenant impossible qu'Éric parte avec les trois enfants sur sa motoneige. Il n'y avait de la place que pour deux enfants. Cédrik a peur en forêt, Ariane est trop petite et Marie-Claude ? Elle est si fragile, je ne peux pas me permettre de la déstabiliser ainsi... Nous devions trancher.

Sous les pleurs insistants d'Ariane et le regard inquiet de Cédrik, Éric partit avec eux et me laissa seule avec Marie-Claude.

C'est le corps meurtri et l'inquiétude au cœur que je laissai partir Éric et nos deux enfants tout en sachant pertinemment que je ne le reverrais pas avant une heure et demie, le village étant à une demi-heure de route des sentiers. Le froid s'intensifiait... Je regardai Marie-Claude et priai pour nous deux. Mon Dieu, faites qu'elle demeure enracinée ...

Après leur départ, Marie alla chercher la couverture et vint me rejoindre sur la motoneige. Elle se colla contre moi et je tentai de la tenir au chaud.

– *Tu dois être courageuse pour maman, ma belle.*

Je savais qu'elle était terrifiée, mais on resta là à discuter pour oublier mes inquiétudes, la peur et la douleur.

Je ne sais plus combien de temps s'est écoulé avant que quatre motoneigistes croisent notre chemin, mais leur aide fut d'un grand secours. Marie-Claude combattait le sommeil, mais l'hypothermie semblait la gagner. C'est dans un mélange de désespoir, de soulagement et d'abandon total que je leur confiai ma fille.

— *Emmenez-la au chaud.*

Deux heures exactement après l'accident, j'entrai dans l'ambulance et tout juste avant de perdre connaissance, le souvenir de Marie-Claude dans les bras d'un étranger, les lèvres bleuies par le froid et ce regard qu'elle avait, m'allèrent droit au cœur...

Jamais je n'oublierai son petit visage empreint d'une force et d'un courage hors du commun. Même ses larmes silencieuses semblaient me dire : « *Ne t'en fais pas, maman* ».

Et c'est là, à cet instant précis, que je compris enfin à quel point Marie-Claude savait se battre. Malgré ses six ans, elle n'en était pas à sa première bataille. Elle en avait vu bien d'autres et plus que moi encore, mais pour la toute première fois de notre vie, je lui reconnaissais ses armes. Je fermai mes yeux et je me laissai aller paisible et fière. Mon âme était en paix.

À mon réveil, j'étais dans un isoloir séparé du reste de la salle par un rideau qu'une infirmière avait tiré. Éric était là et me tenait la main. J'étais si heureuse de le voir. Ses cheveux en bataille, son sourire et ses yeux bleus remplis d'amour me réchauffèrent le cœur. J'avais du mal à bouger, mais sa présence me soulageait. Éric caressait mes cheveux et sa main tremblante trahissait les émotions qui l'assaillaient. Marie-

Claude et les enfants étaient un peu secoués, mais ils étaient sains et saufs, bien au chaud dans la maison de leur oncle. Nous ne trouvions pas les mots, mais nos corps qui se frôlaient, exprimaient tout l'émoi de nous savoir encore en vie. Éric me regardait intensément et au-delà de mon corps, mon âme vibrait de cette silencieuse conversation. D'une part, j'avais du mal à saisir ce qui s'était passé, mais au plus profond de moi-même, j'avais le pressentiment que ma vie ne serait plus jamais la même.

À mon retour à la maison, une longue convalescence m'attendait. J'avais cinq fractures au bras, des ecchymoses sur tout le côté droit de mon corps et des muscles de ma jambe droite étaient déchirés. J'étais réduite au repos total et la morphine était ma meilleure amie. Étant droitière, j'étais très limitée. Je devais être nourrie, lavée, même mes besoins les plus primaires ne pouvaient être assouvis seule et dans l'intimité. Complètement dépendante de mon entourage, j'étais partagée entre l'humiliation et la joie de me savoir si bien entourée. Mes enfants me câlinaient, Éric travaillait, s'occupait des enfants et me prodiguait les soins nécessaires. Ma famille nous donna un coup de main et mes amies se relayèrent pour m'apporter aide et réconfort. J'étais vraiment choyée.

Malgré cela, tous les soirs, les images de l'accident me hantaient. Souvent en pleine nuit, je me réveillais couverte de sueur. Je revoyais les sentiers, le soleil, les débris et j'entendais des cris... Après cet affreux cauchemar, pour me calmer, je pensais à mes enfants qui étaient sains et saufs dans leur lit. Je me remémorais les paroles de l'agent de la Sûreté du Québec chargé de notre dossier. «*C'est un miracle, Madame. Selon l'analyse de l'accident, il s'avère inexplicable que les enfants s'en soient sortis indemnes. Remerciez le ciel, car vous avez été protégés...* » Émotive et pleine de gratitude, je remerciais sincèrement mes guides de leur apport si précieux et je me demandais ce que je devais retenir de cet accident.

Une journée, alors que j'étais étendue sur mon lit, des images de la cabane en bois et de la dame s'approchant des enfants me revinrent en mémoire. Je me rappelai que tout juste avant l'impact, je m'étais sentie projetée et captivée par cette vision. Mes expériences m'ayant appris que le hasard n'existe pas, le soleil aveuglant de cette fin d'après-midi n'était certainement pas l'unique raison de l'accident. Je me demandai s'il y avait un lien, et le cas échéant, je voulais en saisir le sens. Dès que je pus cesser les antidouleurs et que je commençai à marcher, l'urgence de comprendre ce qui était arrivé ne me quitta plus. Je téléphonai à Michaël qui proposa de venir chez moi.

Le jour venu, confortablement installée dans mon lit, entourée d'innombrables oreillers supportant mon bras plâtré, Michaël entra dans ma chambre. J'étais contente de le voir et nous discutâmes quelques instants. Après de chaleureux échanges, il m'invita à me déplacer vers la droite, là où étaient concentrées mes énergies. Même après tout ce que nous avions vécu, il pouvait encore me surprendre. Michaël savait de quel côté du lit je dormais. Il commença tout d'abord par équilibrer mes corps énergétiques. L'impact avait bouleversé mon champ vibratoire et je n'étais pas bien enracinée. Il s'activa autour de moi et je fermai les yeux, visualisant la guérison. Je sentis une chaleur m'imprégner et des émotions firent surface. Je laissai venir les images et des larmes commencèrent à couler sur mes joues. Tout en douceur, un nettoyage s'opéra et je me sentis mieux. À la fin du traitement, je lui posai la question qui me tracassait depuis des jours.

— Est-ce que la vision qui m'est apparue était une image de vie antérieure ? Est-ce un message que j'aurais dû comprendre ? Dis-moi, qu'est-ce qui s'est réellement passé ?

Tout souriant, il regardait au-dessus de ma tête...

— Ils me disent que tu n'avais pas à guérir ou à sauver qui que ce soit. Tes guides ont tout simplement utilisé ces images pour t'avertir de ce qui allait arriver. La prochaine fois que tu auras une vision, arrête-toi et prends une grande respiration. Prends le temps de t'enraciner et tu comprendras plus clairement les messages. Mais n'oublie pas que si l'accident s'est tout de même produit, c'est qu'il devait avoir lieu. Chaque évènement a sa raison d'être. Ne cherche pas ailleurs, la réponse se trouve à l'intérieur de toi.

Il me demanda de lui nommer le premier mot, la première émotion ou la première image qui me venait à l'esprit quand je repensais à l'accident. Aussitôt, la belle image de Marie-Claude dans un paysage boisé, plongeant son regard dans le mien, m'apparut.

— Je vois ma fille, belle, forte et tellement courageuse... Elle est dans les bras de cet étranger et, à travers ses larmes, elle me parle... Je l'entends... « Ne t'en fais pas, maman, tout va bien... »

Des sanglots étranglaient ma voix.

— Je suis si fière d'elle... Tu réalises Michaël, ma fille va bien...

Les mots sortant de ma bouche prenaient tout leur sens.

— MA FILLE VA BIEN ! Pour vrai ! Wow !

J'étais tellement pleine d'énergie que je voulais crier à la Terre entière que ma fille allait bien. Je pleurais de joie et je riais aux éclats. Il avait fallu trois ans et un terrible accident pour me faire voir que ma fille avait tout en elle pour faire face à la vie. Même si tout s'était bien passé depuis que les âmes errantes l'avaient quittée, même si elle agissait comme toutes les autres petites filles, et même si son âme, si belle et douce, affirmait son choix d'incarnation en restant bien enracinée, je n'avais pas osé couper le cordon. Pourtant, elle n'avait plus besoin que je la surprotège et ce, depuis trois longues années. Aujourd'hui, j'avais compris. L'accident m'a ouvert les yeux sur la force et la grandeur de l'âme qui habite Marie-Claude. Je pouvais remettre les armes, la guerre était gagnée.

Michaël parti, je baignais encore dans cette plénitude. J'ouvris la radio et Wilfred Le Bouthiller chantait *Amène-toi chez nous* de Jacques Michel. Des frissons parcoururent mon corps... Il chantait ce que je ressentais à cet instant même pour ma fille. Comme le ruisseau qui avait trouvé la mer, Marie-Claude avait trouvé la lumière... Nous avions réussi.

Tellement fière du chemin parcouru depuis la naissance de ma fille, je passai le reste de l'après-midi à me remémorer les évènements qui ont marqué notre vie. Je repensai à toutes les souffrances qu'elle avait endurées, à mes peurs et mes angoisses, à mes moments de folie où je croyais que tout était peine perdue... Je pensai aussi à Johanne qui m'a ouvert la voie, à Marielle et ses mains guérisseuses, et à Michaël, mon ange libérateur. J'avais si souvent cru être seule avec ma souffrance, mais en regardant en arrière, je savais très bien qu'il en était autrement. À travers cette expérience, j'avais été guidée et poussée à poursuivre mon évolution.

Je ne pus m'empêcher de penser aux autres enfants, à ceux qui vivaient en ce moment-même ce que Marie-Claude avait vécu... Combien de ceux-là étaient en psychiatrie? Dans des écoles sous une médication tel le ritalin? Ou dans la rue abusant de l'alcool et d'autres drogues pour oublier?

Combien d'autres évoquaient des souvenirs de vies anté-rieures ? Voyaient des entités et refusaient d'entrer ou dormir dans une pièce, totalement paralysés par la peur ? J'eus une pensée pour les parents qui pouvaient se sentir seuls, à bout de nerfs ou au désespoir... Qui n'osaient parler de ce qu'ils ressentaient par peur d'être jugés et ridiculisés... qui n'arri-vaient pas à comprendre le comportement de leur enfant... Pleine de compassion, je pensai à ceux qui avaient tout tenté avec la médecine traditionnelle et qui, découragés, ne pou-vaient entrevoir d'autres possibilités. Si seulement ils savaient...

Un désir ardent d'aider les gens habitait tout mon être... Je devais faire quelque chose. L'idée d'écrire un livre traversa mon esprit et un frisson parcourut ma colonne vertébrale. Je ne savais pas encore quand ni comment, mais j'avais la certi-tude que l'histoire de Marie-Claude se devait d'être partagée. Je compris tout à coup que je n'avais pas choisi la guérison spirituelle. C'est elle qui m'avait trouvée. Tout cela faisait vrai-semblablement partie d'un plan divin, et en y repensant bien, je me demande encore laquelle de nous deux a véritablement été sauvée...

Grâce à Marie-Claude, je sais maintenant que je suis plus vaste que mon enveloppe physique. Je suis pourtant tou-jours la même, celle qui a à cœur le bien-être des enfants, celle qui aime la bonne chair et les petits plaisirs de la vie.

Je ne tolère pas davantage la douleur et je n'hésite pas à consulter un médecin en cas de besoin. Je prends soin de mon corps, et sans vouloir devenir Miss Personnalité, je lui concède encore de mon temps pour la peaufiner davantage. Corps, personnalité et âme sont un tout. Telle est ma devise. En réalité, mon quotidien n'a pas changé, c'est ma façon de le percevoir qui l'est.

Lettre à ma fille

Pour toi, mon ange,

Un livre va bientôt paraître et ce sera ton histoire. Loin d'être banale, elle pourra parfois te sembler dure à lire. Tu n'as que huit ans, pourtant tu possèdes un bagage expérientiel hors du commun t'habite. Ton arrivée sur Terre ne fut pas aisée, et pendant plus de trois ans, tu as souffert, tu as côtoyé la peur et les ténèbres. Malgré tout, tu as laissé la lumière faire son œuvre... Grâce à toi et au cheminement particulier auquel tu m'as conduite, j'ai trouvé la voie de mon ouverture spirituelle. J'ai renoué avec mon âme et je vois maintenant la vie avec d'autres yeux. J'ai appris à faire confiance, à évoluer, à accepter... Mais ce qu'il y a de plus beau, c'est qu'avec toi, j'ai découvert le véritable amour, celui que je porte en moi, que je porte aux autres et qui se retrouve dans toute parcelle de vie. C'est pourquoi, mon ange, ce livre se veut avant tout un hommage à ta beauté et à ton courage.

Toujours aussi enjouée, tu vis chaque journée intensément. Tu as encore la bougeotte, et ton rire est merveilleux. Tu vas facilement vers les gens que tu rencontres et tu attires à toi les jeunes enfants. D'un point de vue rationnel, les quatre dernières années ont été plutôt calmes. Tu ne vois plus les âmes errantes, et ton quotidien est ponctué d'activités spécifiques à ton âge. Et au moment où je m'apprête à écrire le mot « Fin » pour clore un chapitre de notre vie, tu me réserves une autre surprise. En effet, alors que nous faisions une première expérience de méditation guidée, le monde astral se révéla de nouveau à toi. Ayant reçu en cadeau un livre de méditation pour enfants, j'avais choisi de faire « L'Ange Gardien[*] » de ce même livre. Tu m'écoutas attentivement et tu entras en transe très rapidement. À la toute fin de la lecture, tu ouvris les yeux, et avec tout le naturel du monde, tu me racontas ta joie d'avoir rencontré Roméo. Grand, de race noire avec une tache blanche sur le front, il portait une grande robe rouge. Tu me dis ne pas l'avoir vu depuis plusieurs années et vous avez célébré vos retrouvailles en survolant le ciel. Roméo t'ayant reconduite à la porte de la maison, tu entras et tu montas l'escalier. Apercevant ton corps étendu sur le lit, tu intégras celui-ci avant d'ouvrir les yeux. Mon ange, j'étais bouche bée.

---

[*] Farida Benet, *Méditations guidées pour les enfants*, Éditions Recto Verseau, 2001, p. 56.

La méditation faisant partie de mon mode de vie, je sus que ton âme avait voyagé. Mon premier réflexe fut de m'en inquiéter, mais tu étais si radieuse que j'eue la certitude que tout allait bien. Bien ancrée dans ta bulle de lumière, tu étais en harmonie. Je te donnai un baiser sur le front, et en quittant ta chambre, je ne pus retenir un sourire d'émerveillement. Toi, Tatow, ma fille à moi, de l'ombre à la lumière tu es parvenue, à ton cœur je me suis rendue... Nous sommes maintenant libres et prêtes à vivre nos vies.

Je t'aime.

Maman xxx

Bibliographie

BENET, Farida. *Méditations guidées pour les enfants*, VILLE, Éd. Recto Verseau, 2001.

BROWNE, Sylvia. *La vie dans L'AU-DELÀ – Le voyage d'un médium dans l'après-vie*, Éd. AdA Inc, 2001.

FROC, Isidore. *Exorcistes*, Paris, Éd. Droguet et Ardant, 1992.

HELL, Bertrand. *Possession & Chamanisme Les maîtres du désordre*, Paris, Flammarion, 1999.

LABONTÉ, Marie Lise. *Les anges Xedah*, VILLE, Éd. Louise Courteau, 1995.

LABONTÉ, Marie Lise. *Les familles d'Âmes*, Loretteville, Éd. Le Dauphin Blanc, 2002.

MEUROIS-GIVAUDAN, Anne et Daniel. *Les neuf marches : histoire de naître et de renaître*, Plazac-Rouffignac, Éd. Amrita, 1991.

NICOLAS, Claude. *Le Démon de l'angoisse*, VILLE, Éd. Novalis/ Centurion, 1997.

PRÉVOST, Ninon et Marie Lise LABONTÉ. *La guérison spirituelle angé-lique*, VILLE, Éd. Shanti, 1995.

SCHAFFNER, Franck. *L'exorcisme, médecine de l'Âme Comment se libérer des obsessions et des envoûtements*, VILLE, Éd. Paris, 1991.

MEMBRE DU GROUPE SCABRINI

Québec, Canada
2006